世界社会主义名人传记

Ferdinand Lassalle:
A Critical
Biography

# 拉萨尔评传

张文焕 著

中央编译出版社
Central Compilation & Translation Press

图书在版编目（CIP）数据

拉萨尔评传 / 张文焕著 . -- 北京：中央编译出版社，2023.4

ISBN 978-7-5117-4260-5

Ⅰ.①拉… Ⅱ.①张… Ⅲ.①拉萨尔（Lassalle, Ferdinand 1825-1864）- 评传 Ⅳ.① D122

中国版本图书馆 CIP 数据核字（2022）第 165590 号

---

**拉萨尔评传**

| | |
|---|---|
| 统筹策划 | 张远航 |
| 责任编辑 | 汪　婷 |
| 责任印制 | 刘　慧 |
| 出版发行 | 中央编译出版社 |
| 地　　址 | 北京市海淀区北四环西路 69 号（100080） |
| 电　　话 | （010）55627391（总编室）　（010）55627116（编辑室）<br>（010）55627320（发行部）　（010）55627377（新技术部） |
| 经　　销 | 全国新华书店 |
| 印　　刷 | 北京文昌阁彩色印刷有限责任公司 |
| 开　　本 | 880 毫米 ×1230 毫米　1/32 |
| 字　　数 | 167 千字 |
| 印　　张 | 9.5 |
| 版　　次 | 2023 年 4 月第 1 版 |
| 印　　次 | 2023 年 4 月第 1 次印刷 |
| 定　　价 | 78.00 元 |

新浪微博：@ 中央编译出版社　微信：中央编译出版社（ID：cctphome）
淘宝店铺：中央编译出版社直销店（http://shop108367160.taobao.com）
（010）55627331

---

本社常年法律顾问：北京市吴栾赵阎律师事务所律师　闫军　梁勤
凡有印装质量问题，本社负责调换。电话：（010）55626985

# 前　言

　　拉萨尔是德国工人运动史上的一个重要人物，也是一个矛盾而复杂的人物。他短暂的一生经历了19世纪前半叶德国工人运动历史的几个重要时期：德国工人运动兴起时期，1848年革命时期，欧洲反动年代，欧洲民族民主运动重新高涨时期。在这几个重要时期中，他的活动和思想都带有两重性。先进和落后、激进和保守、革命和反动，这些截然对立的东西在他身上经常并存和交织在一起。他早年因痛恨封建贵族的压迫，产生了一定的民主思想，与此同时他又向往贵族的权势和奢侈生活；他欢呼1844年西里西亚织工起义是预示着新时代来临的"海燕"，同时他却主张反动政府派兵镇压起义的织工；1848年革命期间，他响应马克思的号召，投身革命斗争，并为此坐了牢，与此同时他却对伪法统和伪法制抱有幻想；在欧洲反动年代，他以老革命自诩，同时他却向镇压1848年革命

的刽子手奴颜婢膝地求情，丧失气节；在欧洲民族民主运动高涨时期，他声称自己举的是民主派的旗帜，实际上他事事处处为封建反动派辩护；在宪法冲突期间，他积极为自由资产阶级出谋划策，可是他的言论却受到普鲁士封建反动派的欢迎；60年代初，他曾帮助工人摆脱自由资产阶级的影响，在建立德国工人独立政治组织方面出了一臂之力，为工人立了功，同时他却暗中勾结俾斯麦，妄图把新建立的工人组织变成普鲁士王朝的工具，从而背叛和出卖了工人政党。像他这样把两种对立的因素结合于一身的活动家，不仅在德国工人运动史上，就是在国际工人运动史上也是罕见的。

与他的活动的两重性相适应，拉萨尔主义也是一个矛盾的思想体系。可以毫不夸大地说，它是集各种小资产阶级社会主义思想之大成。此外，还有资产阶级社会主义和封建社会主义思想。这个矛盾的体系突出地反映了小资产者的各种愿望、情绪和幻想。小资产者受到大资产阶级的排挤，经济地位岌岌可危，随时可能落入无产者的行列，所以他接近无产阶级的地位，倾向社会主义而敌视资本主义。拉萨尔有时揭露和批判资本主义剥削，提出一些带有温和社会主义性质的要求，就是反映了小资产者的这种情绪。可是，小资产者的生活条件又接近资产阶级，总是幻想挤入大资产者的队伍。拉萨尔的思想也反映了小资产者的这种幻想。他提出把工人变成自己企业的企业主和希望有产阶级人士来解放工人的主张，就带有浓厚的资产阶级社会主义色彩。小资产者软弱分散，把自己的命运和小生产紧密地联系在一起，眼光狭隘，喜欢向后看，留恋旧的生产方式和交换手段。他看不见也不相信自己的力量，不能掌握自己的命运，一定要别人来既做他的代表又做他的主宰。所以，他常常希望有一个"好皇帝"和"救世主"来拯救众生，解除自己的苦难。拉萨尔想把容克地主的普鲁士封建王国变为工人的社会王国，希望国王、宰相和红衣主教实行社会主义和帮助解放工人，就是小资产者上述思想的反映。所以说，拉萨尔主义又包含明显的封建社会主义因素。总之，拉萨尔的思想反映了小资产者既反对地主资产阶级的挤压又想保存私有制的天真愿望。拉萨尔主义作为一种矛盾的体系，正是小资产者时而狂热激进时而动摇妥协，时而革命时而保守的矛盾政治态度的结晶品。当时在德国，虽然已有相当数量的产业工人，但是手工业者、手工师傅、工匠毕竟占工人队伍的多数，这正是19世纪中叶拉萨尔主义在德国盛行的社会基础。

　　拉萨尔活动上的两重性、思想上的矛盾性和他人格上的双重性，使他成为一个非常复杂的人物，成为德国工人运动史上一个最有争议的人物。对这样一个充满矛盾性的复杂人物的评价向来毁誉不一。褒者往往隐恶而扬善，贬者常常瞒德而诛罪。这本评传试图用马克思主义的立场、观点和方法对拉萨尔的一生实事求是地、历史地进行评价，并对当时社会环境和拉萨尔思想发展的关系、他的哲学上的唯心主义和政治上的机会主义的关系作一些初步探讨。

# 目　录

第一章　青年拉萨尔 / 001
　　一、家庭和社会 / 003
　　二、神童、阔少和异端分子 / 007
　　三、一个既反对贵族又向往贵族的小市民 / 019
　　四、黑格尔哲学的热心信徒 / 027
　　五、拉萨尔和1844年西里西亚织工起义 / 035
　　六、拉萨尔和海涅 / 038
　　七、拉萨尔和哈茨费尔特伯爵夫人离婚案 / 042

第二章　拉萨尔和1848年德国革命 / 051
　　一、迟到的参加者 / 053
　　二、响应马克思的号召 / 054
　　三、被捕入狱和营救活动 / 056
　　四、两种世界观，两种不同的法制观点 / 060

第三章　拉萨尔在欧洲反动年代 / 069
　　一、从惊惶到极"左" / 071

二、波拿巴主义倾向的出现 / 073

三、拉萨尔和共产主义者同盟 / 076

四、打赢官司,争得三十万塔勒 / 080

五、生活的转折点 / 082

六、向反动派求情,移居柏林 / 085

七、追求荣誉和跻身学术界——《赫拉克利特的哲学》一书出版 / 089

第四章　拉萨尔在欧洲民主运动高涨时期 / 103

一、哲学上的唯心主义转化为政治上的机会主义 / 105

二、关于农民战争问题的争论 / 107

三、关于意大利战争问题的争论 / 112

四、关于福格特问题的争论 / 121

五、关于反沙俄统一战线问题的争论 / 126

六、寄希望于国王 / 135

七、全民法学观点——《既得权利体系》一书出版 / 137

八、头足倒置的概念运动的辩证法 / 141

九、唯心史观和唯物史观的对立 / 146

十、宣扬纯粹思维产生客观世界,鼓吹和现实调和 / 149

第五章　拉萨尔在宪法冲突时期 / 155

一、宪法冲突的由来 / 157

二、《论宪法的实质》的演说 / 161

三、关于宪法的第二篇演说——《现在怎么办？》/165

四、同资产阶级进步党决裂——《力量和法》/167

五、拉萨尔关于宪法问题的演说剖析 /169

六、对工人的第一篇演说——《工人纲领》/179

七、拉萨尔和马克思的两次谈判 /197

八、受审和辩护 /203

第六章 拉萨尔和德国工人建立独立政党的斗争 /211

一、工人发起建党 /213

二、拉萨尔被请出来领导工人运动 /217

三、拉萨尔机会主义思想体系的最终形成
——《公开答复》的发表 /223

四、在法兰克福的演说。公开反对无产阶级革命 /238

五、全德工人联合会成立，拉萨尔当选为主席 /248

六、勾结俾斯麦，出卖工人运动 /253

七、联合会成立后的鼓动演说。贯彻和俾斯麦
秘密会谈的精神 /261

八、工人的不满。联合会内反对派的形成 /267

九、面临被揭露的危险 /271

十、死神伸出了援助之手 /274

结束语 /281

# 第一章
# 青年拉萨尔

# 第一章 青年拉萨尔

## 一、家庭和社会

斐迪南·拉萨尔，1852年4月11日生于德国东普鲁士布勒斯劳城一个犹太人家庭。他的父亲是个殷实的绸缎商人，50年代曾经营煤气股票生意。

在德国封建社会日趋瓦解、资本主义方兴未艾的时期，东普鲁士不少犹太人都是靠寄生的商业而发财致富的。拉萨尔的家庭就是这样一个商业资产阶级暴发户。

德国资产阶级的发展具有小资产阶级的性质：软弱无力、步履维艰、目光短浅、瞻前顾后、动摇妥协。它注重小眼小孔的利益，陶醉于微小的盘剥和伟大的幻想。它不想花费气力去彻底反对封建制度，为资本主义生产力的发展开辟道路，总想通过简便的办法把封建君主国变为资产阶级的君主国。它想利用工人去逼迫封建压迫者向自己让步，而它自己对工人却不想作出任何让步；它总是用劳资协调一致的空话来哄骗工人，让他们替自己火中取栗，然后就背叛和出卖他们。德国资产阶级的另一个特点是，在对旧势力的实际斗争中软弱无力，但在抽象思维领域中却强大无比。它通过各种关于概念发展变化的唯心主义哲学

体系来表达自己变革现实的愿望。

德国资产阶级犹太人的特点是注重实际需要和恪守利己主义原则。他们把做生意作为自己的世俗偶像,把金钱作为自己的尘世上帝。

拉萨尔的家庭既具有犹太人的本质,又具有德国新兴资产阶级的特点,它把这二者融为一体,成为典型的近代普鲁士商人家庭。

这种家庭生活的各个方面都充满了资产阶级的庸俗性和犹太人的实利精神。狭隘的眼界、琐碎的商务、巧于盘剥平民、曲意逢迎权贵,当时普鲁士一般商贾的这些特点,在拉萨尔的家庭中显得特别突出。这个家庭的话题经常是商界的趣闻、生意的好坏、行情的变化,偶尔父子之间也讨论一些哲学问题,探讨概念的独立发展。

拉萨尔的家庭就像一面镜子,反映着当时德国的一般社会状况。

德国资本主义是按照普鲁士式的道路发展的,这使得当时的德国社会充满了小市民的鄙俗气。恩格斯在谈到18世纪末德国的状况时说:"除了卑鄙和自私就什么也没有;一种卑鄙的、奴颜婢膝的、可怜的商人习气渗透了全体人民。一切都烂透了,动摇了,眼看就要坍塌了,简直没有

## 第一章　青年拉萨尔

一线好转的希望,因为这个民族连清除已经死亡了的制度的腐烂尸骸的力量都没有。"[①] 直到德国1848年革命前后,这种状况都没有发生根本性的改变。

这样一种庸俗的社会环境,使得德国的许多政治家以及一些杰出的诗人和学者都染上庸人的习气。拉萨尔尽管很有才华也未能免俗。他无力克服包围着他的那种商人习气、犹太俗气和整个社会的鄙俗气。不仅如此,他身上的那许多否定因素(虚荣心、领袖欲等)还促使他去迎合这种鄙俗气。

这种社会环境对拉萨尔一生的社会政治思想的发展有深刻的影响,使他对当时德国社会的态度具有两重性。他有时对封建专制制度恨之入骨,发誓要摧毁这座禁锢人民的监狱,有时又相反,为容克贵族出谋划策,帮助他们巩固这种制度;他有时疾恶如仇,痛恨压迫者,决心与他们血战到底,有时却去和人民的压迫者握手言欢;他有时要求资产阶级和人民一起反对封建贵族,有时又要求封建贵族和人民一起反对资产阶级;他有时猛烈抨击封建权贵,义正词严,大有气吞山河之势,有时又对封建权贵奴颜婢

---

[①] 《马克思恩格斯全集》第2卷第634页。

膝，极尽曲意逢迎之能事；他有时痛恨封建专制政权压迫人民，可是有时他又希望封建专制政权来解放工人阶级；他有时同情人民的苦难，有时又羡慕贵族的豪华；他曾大力帮助工人摆脱资产阶级自由主义的影响，可是他又奉送给工人一副封建社会主义的枷锁；他有时无情地揭露资产阶级这个"现代野蛮人"剥削工人的罪行，从而成为无产阶级的敌人的敌人，可是有时他又美化普鲁士封建专制君主、宰相和主教，又成为无产阶级的敌人的朋友。德国的特殊历史发展以及与之俱生的社会鄙俗气，使得拉萨尔成为这样一个矛盾的结合体。他走上人生征途的时候，曾立志要改造德国的落后制度，战胜德国的鄙俗气，到头来他反而被德国的落后制度所改造，被德国的鄙俗气所战胜，成为一个地道的德国庸人。

在那腐朽落后、俗不可耐的德国社会中，只有新登上历史舞台的工人阶级的英勇斗争，才显示出黑暗王国的一线光明。拉萨尔的功绩在于，他曾努力帮助这一线光明去冲破沉沉的黑暗：在1848年的战斗年月里，他曾和工人一起为摧毁旧制度而斗争；在60年代工人为建立自己的独立政党而斗争的时候，他曾帮助工人摆脱资产阶级的影响。他的罪过在于，他被德国的鄙俗气战胜后，不但自己

# 第一章 青年拉萨尔

向封建反动派投降,而且用鄙俗气去感染工人,让工人向黑暗势力妥协,把工人引上普鲁士王国政府社会主义的道路。

总之,拉萨尔是当时德国特殊社会环境中的一个特殊产儿,要了解这个产儿的诞生、成长和发展的过程,就不得不同时去考察孕育了这个产儿的母体——19世纪前期的德国社会。

## 二、神童、阔少和异端分子

拉萨尔天资颖慧,机敏过人,被称为"神童"。但是,他并不用功,非常调皮和懒散。尤其是1839到1840年在布勒斯劳中学学习时期,他的行为特别放荡不羁。他经常旷课,不做作业,抄同学的。谁不借给他作业本,他就和谁干架。老师管教,他就和老师争吵。老师让他把成绩单拿给家长签字,他不敢给父母看,就仿照父母的笔迹,伪造家长签字。拉萨尔还得意地说:"第二天,我就带着'父亲'的即我自己的签字给老师,因为我自己根据需要,或者是父亲,或者是母亲,或者是儿子。"[①] 这样他在中学的成绩当

---

[①] 《拉萨尔日记》1901年圣彼得堡俄文版第112页。

然不好。他自己不努力,又调皮捣蛋,却自恃智力过人,既瞧不起同学,又对老师不满。他说:"按能力、天才、判断力和智慧,同学们都不如我,他们却得到了好分数,而我却没有得到。"[①]

班主任批评他,他认为是找他的茬。拉萨尔说:"我在学校的情况变得越来越难以忍受了。班主任经常找机会贬低我,当着全班同学的面奚落我。每出现一次这种情况,都使我感到痛苦,使我更加懒惰。"[②] 他感叹道:"我在这里简直是个野人,谁也不理解我。"

应当指出,当时普鲁士的教育制度非常落后,谈不上因材施教,的确扼杀了不少天才。教员们只看到拉萨尔调皮捣蛋的一面,没有注意到拉萨尔天赋很高,并具有突出的自学能力。拉萨尔还不到十五岁,就以极大的鉴赏力读了歌德、席勒、莎士比亚、莫里哀等古典作家的作品,而且写作才能出众。"神童"名不虚传。

但是,拉萨尔的纨绔阔少作风也太不像话。对于一般富商大贾家的纨绔子弟来说,吃喝玩乐本来是天经地义的事情,不足为怪。问题是拉萨尔在这方面的表现太突出

---

① 《拉萨尔日记》1901年圣彼得堡俄文版第106页。
② 《拉萨尔日记》1901年圣彼得堡俄文版第117页。

## 第一章　青年拉萨尔

了。他对娱乐活动样样精通。骑马、击剑、游泳、滑雪、溜冰、下棋、打牌、台球，他无不爱好；赌博、酗酒、看戏、跳舞，则是他的突出嗜好。他经常在化装舞会上大显身手，以博得上流社会少女少妇们的欢心。

拉萨尔的家庭是富足的，不缺钱用。但是，由于他挥金如土，连对他非常溺爱的老拉萨尔也对他极为不满。有一次，他父亲批评他过分讲究穿戴，奢侈浪费。他就同父亲争吵起来，结果被父亲揍了一顿。拉萨尔就冲着他父亲说："你敢揍我！"他父亲更加生气，再次冲上去揍他。于是，拉萨尔跑出去跳河。他父亲赶上去把他拉了回来。轻生未成，拉萨尔就换一种方式来泄愤。他在日记中写道："今天我一定要做一件什么坏事。"[①] 果然，过了不到一小时，他就去赌钱，以发泄自己的不满。

老拉萨尔一方面对儿子大手大脚极为不满，另一方面又总是慷慨解囊。但是，由于拉萨尔挥霍无度，总觉得钱不够用。于是，他就想方设法自己去搞钱。搞钱的重要途径就是赌博。拉萨尔精通打牌，又会捣鬼。他既骗自己的同学，又骗自己的父母，还骗一些自己认识的成年人。再

---

① 《拉萨尔日记》1901年圣彼得堡俄文版第81页。

拉萨尔评传

一个方法,就是倒卖东西。可能是受家庭环境的影响吧,在这些事情上,他显示出一种特殊的才能。梅林谈到拉萨尔的这种恶习的时候说:"他既做大买卖,也做小交易,他把从家里人和同学那里骗来的每一个钱都仔细地记在账上。"[①]

拉萨尔以自己的放荡行为给自己造成了一种饱受鄙视的环境。这种环境反过来又促成了他的报复性格。对于一切敢于藐视他的人,他都采取以眼还眼、以牙还牙的态度。因此,他和同学、老师的关系搞得非常紧张。最后,拉萨尔在布勒斯劳中学待不下去了。他要求转学,去学做生意。他父亲设法把他转到莱比锡商业学校去学习,让他暂时离开家乡,换换环境。

1840年5月,拉萨尔离开家乡,来到莱比锡商业学校。最初,拉萨尔表现不错,学习大有进步,考试成绩优良。他不抄同学的作业了,有时还替别的同学写作文。他的聪明才智博得了所有教员的好评,没有经过考试,就让他跳了一级。

但是,没过多久,校长和教员又都对拉萨尔不满起

---

① 弗·梅林《德国社会民主党史》生活·读书·新知三联书店1964年版第2卷第138页。

## 第一章 青年拉萨尔

来了。

这有两方面的原因。

首先,是因为拉萨尔过去的恶习未改,老毛病又犯了。他像在布勒斯劳中学时一样,尽情吃喝玩乐,挥霍无度,很快就把家里寄给他的钱花光了。钱花光后,他就采用过去那套办法来搞钱,赌博、倒卖东西和书籍,并到处借债。谁劝诫他,他就和谁吵,认为这是干涉他的私事。人们对他的评价是:"粗鲁、放荡和好斗的刺儿头"。

另一方面的原因,就不能归咎于拉萨尔了。拉萨尔的思想这时已有很大发展,不但智力超过同侪,而且很有独立见解。他不仅对问题敢于提出自己的看法,有时还纠正老师的错误。"木秀于林,风必摧之;堆出于岸,流必湍之;行高于人,众必非之。"拉萨尔智力出众,又极不谦虚,既轻蔑同学,又顶撞师长,当然会招众怨。因此,校长和老师就想找机会整这个敢于冒犯师道尊严的拉萨尔,想要驯服这匹烈马。有一次,拉萨尔因事迟到,尽管写了检讨,校长还是把他叫到校委会去训话,并把所有的教员都请来一起训斥拉萨尔。他们骂拉萨尔是:"伪君子、骗子、恶劣透顶、自私自利、轻率冒失、阴险狡猾、神经

病、狂妄自大"①。在去校委会之前,有个朋友提醒他,不管怎样都要保持镇定,以防被开除。因此,这一次拉萨尔咬紧牙关听着辱骂,一句也没有反驳。拉萨尔说,这时候,"仇恨、卑贱、耻辱、愤恨、悲哀、盛怒、淡漠",各种感情交替袭来,他感到像是在法庭受审判。拉萨尔抑制着自己的不满,表示洗耳恭听。可是,校长和教员对一向不温驯的拉萨尔今天表现得特别温驯不以为然,认为这是装蒜。一个教员说:"先生们,这是装蒜的典型。你们要知道,拉萨尔是从哲学观点看待一切的。在他看来,我们不是他的上级,他目无领导,我们倒是他的下属。拉萨尔根本不知道什么是爱、尊敬和感谢。一切出自心灵的东西和心灵本身,对他都是异己的。他不爱任何人,他只是需要谁,才伪善地爱谁。"②拉萨尔虽然一言不发,但心里非常蔑视校长和教员。他觉得自己仿佛成了一只被乌鸦叼啄的死鹰。拉萨尔写道:"我好比一只死鹰,躺在原野上。飞来了一群乌鸦、狡猾的喜鹊和别的可鄙禽类,它们啄我的眼睛,用利爪撕烂我的身体。可是,我突然感到力从天降,生命又回到了我的身上。于是,我哗的一声展开了翅膀,

---

① 《拉萨尔日记》1901年圣彼得堡俄文版第244页。
② 《拉萨尔日记》1901年圣彼得堡俄文版第244页。

## 第一章 青年拉萨尔

乌鸦和喜鹊哇哇地飞跑了,而我却飞向了太阳。"[1]

拉萨尔的随想,形象地表达了一个既傲慢自负又愤世嫉俗的青年的不满情绪。校长和教员的肆意谩骂和冷嘲热讽,则反映了普鲁士教育制度的腐败落后。商业学校校长席贝就是这种教育制度的忠实卫道士。他反对任何独立思考,只要求对上级唯唯诺诺,稍有不轨,就百般压制和训斥。难怪拉萨尔把校长席贝称为"老奸巨猾的暴君"。拉萨尔反对校长以学生为敌的做法。他说:"(校长)把所有的教员都用来搞特务活动、造谣中伤和监视学生。校长自己就热心于搞特务活动。他像对待国事犯一样对待学生,总想揭露出什么阴谋,一点也不关心怎样帮助一个十六岁的青年不犯错误。"[2] 这段话充分揭露出这个商业学校的反动和阴暗。

这次围攻在拉萨尔看来是无辜受过。尽管如此,学校还是决定对拉萨尔实行三个星期的软禁。这个普鲁士商业学校的专制纪律、陈规旧套、封建蛮横的管理制度,对于这个生性豪放、兴趣广泛而又早熟的青年来说,已成为一种桎梏。但是,就是在这样的恶劣环境中,拉萨尔还是

---

[1] 《拉萨尔日记》1901年圣彼得堡俄文版第243—244页。
[2] 《拉萨尔日记》1901年圣彼得堡俄文版第202页。

潜心阅读了很多书。文艺作品、政论文章、文学评论、历史、哲学,他无所不读。他后来从事政治活动和脑力劳动的那种顽强意志和充沛精力,这时已然显现。

可是,拉萨尔爱读书的志趣也遭到迂腐的校长的反对。他要从图书馆借阅法国作家高乃依和伏尔泰的作品,校长说,他读这样的作品还为时过早;他要学英文,校长认为这是多余的;他读古希腊罗马哲学家的著作,校长认为:"一个商人读苏格拉底和西赛罗的作品,肯定要破产"。拉萨尔气愤地说:"多么愚蠢!"①

拉萨尔不顾校长的反对,读了不少进步书籍。他特别喜欢白尔尼的政论文章和海涅的具有自由思想的辛辣讽刺作品。在白尔尼、海涅等人作品的影响下,拉萨尔不但产生了自由思想,而且相信无神论。有一次,拉萨尔替同学贝克尔写了一篇作文。老师就作文向贝克尔提问:"感谢上帝恩施的最好方法是什么?"贝克尔回答说:"不是毫无结果的祈祷,而是行动。"老师对这种轻蔑上帝的回答极为不满。拉萨尔认为这篇作文是他代写的,他有义务进行答辩。于是,他挺身而出,争论说:"乐善好施的行动就是最

---

① 《拉萨尔日记》1901年圣彼得堡俄文版第165—167页。

## 第一章　青年拉萨尔

好的感谢,而不是下跪和唱赞美诗。"这个反神的观点激怒了老师,他便把拉萨尔的话报告了校长。校长就此教训拉萨尔,认为这是亵渎上帝的犯罪行为。这一次拉萨尔得理不饶人。他大胆地反驳校长:"要解除穷人的忧愁,就要乐善好施,这比作长篇祷告、嘟哝赞美诗要好得多。"校长听了非常恼火。他警告拉萨尔:"你放明白点,你要是敢再一次这样想,我就把你交上级处理。"[①]

经过这次争论,校长对拉萨尔的印象更坏了。他过去认为拉萨尔是个目无领导的调皮捣蛋鬼,现在则把拉萨尔看作一个非常危险的异端分子,认为拉萨尔有"一个非常危险的脑袋"。他害怕拉萨尔的无神论思想和反叛精神影响别的同学,便决定寻机开除拉萨尔。

拉萨尔确实有自高自大、藐视别人、恃才傲物、放荡不羁的毛病。但是,迂腐的校长以拉萨尔为敌,压制他的自由思想,反对他读书,这也太过分了。校长和教员一次次地训斥拉萨尔,使这个很有主见的青年无端受辱。一向桀骜不驯的拉萨尔当然不服。他再一次感叹道:"我在这里简直是个野人,谁也不理解我。"

---

① 《拉萨尔日记》1901年圣彼得堡俄文版第249—251页。

不过,这一次的感叹,同在布勒斯劳中学的那次感叹略有不同。那一次感叹是他自己的阔少作风和调皮捣蛋行为引起的普遍不满造成的,有点罪有应得。这一次则主要是由于一个才气横溢的年轻人追求知识和自由的欲望受到了封建专制校长的打击,理应受到同情。

看来,这个训练理财专家的商业学校的天地,对于这个视野广阔、生性十分活泼的青年,实在是太狭小了。加之,校长和教员的不满、同学们的奚落,使拉萨尔非常苦恼。他愤慨地说:"如果不是坚信自己这个信条支持着我,我会变成一个厌世主义者。"

"坚信自己"这句话可以说是拉萨尔一生学术和政治活动的突出特点。他为人处世的一切优点和缺点,都同他在青年时期形成的这个信条密切联系着。由于坚信自己,所以他藐视一切,目中无人,认为他在自己活动的一切领域中都应当占第一把交椅;另一方面,坚信自己又使他具有一种在逆境中奋斗的顽强意志,养成一种不达目的誓不罢休的倔强性格。他很喜欢诗人维吉尔的一句话:"在不幸时要坚定,保全自己去争取幸福。"正是这种思想,使他非但没有成为一个厌世主义者,反而成为一个急功近利的用世主义者。

## 第一章 青年拉萨尔

窒息思想和遏制自由的气氛使拉萨尔在莱比锡商业学校待不下去了,他也不想待下去了。经商本来就不是他的心愿,他到莱比锡商业学校只不过是为了摆脱在布勒斯劳中学那种尴尬的处境。拉萨尔承认,他之所以从布勒斯劳出走,是因为"谎言之网缠绕着他,使他不知如何脱身"。现在他懊悔没有读完正规中学,而违背心愿来学做生意。拉萨尔决心改正自己的轻率决定。他说:"我根本不认为自己应当放弃社会的、美学的和政治的活动。我当时不过是随便选一种学科以便脱身罢了。我坚信,运气,或者更确切些说,天意会把我从账房里拉出来,把我送到能够发挥作用的场所。我相信运气和我的坚强意志定会使我去和缪斯女神打交道,而不和账簿打交道;去研究希腊和东方国家,而不去买卖蓼蓝和甜菜;多同塞来阿①和她的祭司交往,而不为老板和二掌柜奔忙;更多地关心自由,而不是商务。要比咒骂那些扰乱行情的竞争者更厉害地咒骂夺去人们宝贵财富的贵族走狗。当然,不应该只停留在咒骂上。"②

---

① 塞来阿(Thalia),又译"塔利亚",司田园生活和喜剧的女神,九个艺术女神之一。——编者注

② 《拉萨尔日记》1901年圣彼得堡俄文版第188—189页。

拉萨尔意识到,他的使命不是经商,而是到广阔的社会政治舞台上去施展自己的才能。1841年5月,他父亲亲自到莱比锡同拉萨尔商量今后的学习问题,拉萨尔把他的想法告诉了父亲。他说:"我想研究世界上一种最伟大的无所不包的科学,和人类的神圣利益密切相关的科学,即历史科学。"拉萨尔决心为人类的崇高事业而献身。他说:"我想从事政论工作。现在是为人类神圣使命而斗争的时代。上个世纪末,世界还处于黑暗迷信的束缚之中。物质力量在智慧人物的天才指导下打碎了这些锁链。这种力量的第一次表现是可怕的,但只能如此。从那时起,斗争就没有间断过。这种斗争不是靠暴力进行的,而是靠理智的力量进行的。在每一个国家、每一个民族中都出现了一些用语言进行斗争的人物,他们有的胜利了,有的失败了。这是争取最崇高的目的和用崇高的手段进行的斗争。我们不需要挑动人民,而是给人民以启蒙,开导他们。"①

这是拉萨尔向商业学校告别的宣言,也是拉萨尔准备为人民事业而斗争的决心书。掷地有声的铿锵语言表达了一个才高志洁的青年的心愿,应该受到称赞。拉萨尔终于

---

① 《拉萨尔日记》1901年圣彼得堡俄文版第261—262页。

说服了父亲同意自己停止学商,继续升学和钻研科学。

这次谈话决定了拉萨尔以后的生活道路。从这时起,他决心争取做一个为人类利益而斗争的宣传鼓动家。拉萨尔带着这个美好的愿望,于1841年8月底离开莱比锡商业学校,回到家乡,补习功课,准备考大学。

## 三、一个既反对贵族又向往贵族的小市民

从上面的介绍可以看出,拉萨尔在莱比锡商业学校学习期间已经产生了一定的民主思想。如果说,卢梭的民主著作、海涅的革命诗篇以及"青年德意志派"作家白尔尼的热情洋溢的文章,为这种思想的产生撒下了种子,那么促使这颗种子发芽生长的,却是当时的社会土壤。

拉萨尔的家庭作为一个资产阶级暴发户,经济上是富足的。这是拉萨尔能"放浪形骸之外"的物质基础。但是,当时德国资产阶级在政治上处于无权和受压迫的地位。尤其是在东普鲁士,封建专制统治更为严密,压得资产阶级在政治上抬不起头来。当时,资产阶级的经济力量已一天天超过贵族。但是,与封建贵族相比,资产阶级不但社会地位很低,而且没有任何政治势力。政府和军队中的要职,都由贵族占据着。他们利用这种地位来监视和控

制经济上日益壮大起来的资产阶级。

拉萨尔的家庭,不但作为新兴资产者的家庭受到封建专制制度的压制,而且作为犹太人的家庭又受到基督教世界臣民的鄙视。

在拉萨尔的家乡西里西亚地区,犹太人实际上是在中世纪特权的基础上生活,而不是在资产阶级的自由平等原则基础上生活。犹太人买羊只能买前腿,必须把后腿留给基督教徒;犹太人买砖瓦的价格比基督教徒高;犹太人被人杀害,在惩罚凶手时,犹太人反而要纳税,定居的一个人交一个金币,不定居的一个人交半个金币。①

拉萨尔对犹太资产阶级所受的这种双重压迫深为不满。他发誓要为本民族的解放而献身,为争取犹太民族的平等地位而斗争。拉萨尔这样写道:"事实上,我觉得我是优秀的犹太人之一……为了把自己人民从现在的痛苦状况中解放出来,我不惜牺牲自己的生命。如果我能重新使之成为受尊重的人民,甚至绞架也不能使我畏惧不前。当我耽于儿童幻想时,一种令人欢欣的思绪涌上心头:我要成

---

① 参见弗·梅林《德国社会民主党史》第四卷生活·读书·新知三联书店1964年版第2卷第137页。

## 第一章　青年拉萨尔

为手执武器的犹太人的首领，使他们成为独立的人民。"[1]

拉萨尔对犹太人不起来同压迫者作斗争非常不满。1840年5月，大马士革发生了残酷迫害犹太人的事件后，拉萨尔愤慨地说："胆小的人民，你不配有更好的命运！你不能光荣地死去，你不知道什么是正义的复仇，你不能消灭敌人，同敌人同归于尽……你是天生的奴隶。"[2]

拉萨尔决心要和敌人血战到底并唤醒人民。他说："我要向人民宣告自由，尽管我会因这种尝试而牺牲。我面对星空向上帝起誓，有朝一日我若背弃了誓言，那就诅咒我吧！……情况将是这样，而且一定会是这样！然而在这以前，上等人和王公们将要血流成河！啊，法兰西，我所渴望的国家，我梦想的国家！啊，我是多么向往你！你是自由的故乡，你曾为它而战斗。然而你并没有放下武器，你已看出，还必须做些什么，你没有因贵族的诺言而麻痹。"[3]

拉萨尔幻想当一个作家，以便在德国人民面前，在所有的人面前，"用似火的语言号召他们为自由而斗争。我

---

[1] 《拉萨尔日记》1901年圣彼得堡俄文版第86页。
[2] 《拉萨尔日记》1901年圣彼得堡俄文版第165页。
[3] 《拉萨尔日记》1918年柏林－维麦尔多夫德文版第29页。

不惧怕王公们的威胁眼光。财产和爵位也不能诱惑我。我不会当第二个犹大而出卖自由的事业。不,我绝不停息,直到把他们吓得面色如土。我将像白尔尼一样,从巴黎这片自由的土地上向世界各国人民发出号召。所有的王公们会吓得发抖,他们的末日就要来到"[①]。

热情的词句、庄严的誓言,表明了一个备受封建贵族歧视的一个资产阶级年轻成员的反抗精神。不过,这些慷慨激昂的语言还不能说明拉萨尔这时已经是个坚定的反封建的战士,更不能证明他自己的话:"我从1840年起就已经是一个革命者了。"[②]

如前所述,拉萨尔像他所属的整个德国资产阶级一样,在对待封建贵族的态度问题上始终有两重性。青年拉萨尔虽然在日记中一再慷慨激昂地反对封建贵族,可是在生活中他却经常出入上流社会的舞会,对贵族的奢侈生活向往不已。他流露出资产阶级民主主义情绪,可是内心却隐藏着有朝一日挤入贵族行列的愿望。从青年时期一直到生命的终点,拉萨尔的思想始终在这两条道路之间摆动。

不少历史学家都注意到了拉萨尔身上的这种两重性。

---

① 《拉萨尔日记》1918年柏林-维麦尔多夫德文版第30页。
② 《拉萨尔致马克思恩格斯书信集》1905年圣彼得堡俄文版第244页。

## 第一章　青年拉萨尔

德国社会民主党人斯特格曼和胡果在他们写的《拉萨尔传略》中说："评价拉萨尔是困难的，因为这不是古代英雄的单纯的灵魂，而是非常复杂的现代灵魂。首先引人注意的是他身上的两个似乎不相容的突出的特点：民主主义的思想方式、对人民权利的深厚感情和追求统治和权力的欲望。"①

另一个社会主义史研究者吉维列果夫也说："拉萨尔和谐地调和一大堆矛盾的性格特点正在于，在他的伟大的灵魂中有某种东西，这种东西要是没有伟大的灵魂的话，那就是市侩气和庸俗气的真正同义语。他从小就有虚荣心，这种虚荣心就是在他身上出现了高风格的、最纯洁的和最高尚的功名心的时候也没有消失。他追求成为人民的喉舌、工人群众的领袖、德国无产阶级的独裁者。与此同时，他想成为女人第一个宠爱的人、头号花花公子；他以自己雅致的领带、漂亮的鹅黄手套、精美的五弦琴能胜过别人而自诩。由于拉萨尔的傲慢、自高自大和惹人讨厌地突出个人，马克思经常对拉萨尔感到绝望。"②

这些学者准确地看出了拉萨尔的双重人格。但是，他

---

① 斯特格曼和胡果编《社会主义手册》1972年德文影印版第466页。
② 《格拉纳特百科全书》第26卷第465页。

们对这种矛盾现象的解释却是隔靴搔痒。不是什么"复杂的灵魂""伟大的灵魂"使拉萨尔把许多矛盾和谐地调和起来,并使他免除了市侩气和庸俗气。恰好相反,正是普鲁士式的资本主义发展道路造成德国社会的那种市侩气和庸俗气,使得他的整个思想和活动都带有两重性,以致他时而显得非常高尚,时而又极为渺小。

拉萨尔自己也承认,他的身上有崇高和卑下、先进和落后两种思想的斗争。他说:"我的心中有两个极端在斗争着。今生今世我应当做一个聪明而有品德的人呢?还是应当随机应变,向大人物谄媚,用阴谋诡计为自己骗取利益和权势?或者应当像坚强的共和党人那样坚持真理和道德,不顾一切地给贵族政治以致命的打击?不,我尽管有那方面的才能,可是我不想成为满脸堆笑、怯懦可鄙的廷臣!"①

两条道路摆在拉萨尔的面前:前进和后退、革命和保守、崇高和卑下。拉萨尔虽然用明确的语言对自己提出的问题作了肯定的回答:要走第一条道路,要作推翻封建贵族的英雄。但实际上,这个问题在他脑子里并没有彻底解决。

还在布勒斯劳中学时,拉萨尔的一个朋友就说过,

---

① 《拉萨尔日记》1918年柏林-维麦尔多夫德文版第28页。

# 第一章　青年拉萨尔

拉萨尔"具有天才，如果他的智慧今后朝着坏的方向发展，将是很可惜的"。遗憾的是，这个预言后来竟然变成了现实！

是什么力量促使拉萨尔的思想朝坏的方向发展，使他对封建贵族采取前倨而后恭的态度呢？是他的个人英雄主义思想，是他追求虚荣和权力的欲望！这种思想在拉萨尔青年时期已经明显地露头。1840年7月19日，拉萨尔看了席勒的历史剧《费奥斯科的阴谋》①以后写的一段自白，

---

① 席勒的历史剧《费奥斯科的阴谋》写的是16世纪意大利热那亚人民反对暴君的斗争。当时，热那亚人民正酝酿举行反对封建统治者的起义。拉梵·费奥斯科是个伯爵，他本来极端蔑视人民，把人民看作"盲目的、蠢笨的庞然大物"。可是，费奥斯科想利用人民的力量来为自己夺取王位。为此，他装作一个热爱人民的共和主义者，把自己打扮成人民意志的代表，骗取了人民的信任，成为起义的首领。他口头上大谈热那亚的自由，声言他要成为热那亚共和国的一个幸福的公民，实际上他想的却是"热那亚不可能成为自由的，热那亚需要君主"。他权衡形势和利弊："当一个共和主义者费奥斯科呢，还是当一个大公费奥斯科？"他反复考虑后毅然决定："我哪怕当一分钟君主也好！与此相比整个一生算得了什么！""我决定了，决定夺取大公国的王冠。"共和主义者维里纳识破了他的野心和阴谋，把他推入海中。席勒剧中刻画的费奥斯科和历史上的费奥斯科基本相符。英国历史学家在《卡尔五世皇帝统治时期的历史》一书中曾这样描写费奥斯科："他仪表堂皇，生活奢侈，善于阿谀奉承，举止彬彬有礼，态度和蔼，擅长交际，非常健谈。但是，在这些优点织成的假面具下，隐藏着对于生性善于搞最阴险和最肮脏的阴谋的人而言所必需的志趣和能力、贪得无厌的和永无止境的虚荣心、无所畏惧的大胆性，以及耻居人下的骄傲灵魂。"（参见费·席勒《席勒传》第78页）。

很能说明这个问题。拉萨尔写道:"上帝,拉梵伯爵是一个多么伟大的人物啊!我不明白,尽管现在我像维里纳一样怀着革命民主共和主义信念,我却仍然有这样的感觉:假如我处于拉梵伯爵的地位,我会采取同样的行动,并且不满足于做热那亚的第一市民,而要伸手去夺王冠。由此可见,如果我仔细考虑这件事,就会发现,我简直是个利己主义者。如果我生为王子或公爵,我将是个彻头彻尾的贵族。但是,我不过是个普通市民的儿子。因此,我将是当代的民主主义者。"[①]

伯恩施坦认为,拉萨尔的这段话说明,"作者是多么深思熟虑和多么喜欢作自我批评!"其实,这段话暴露的思想要比所谓的深思熟虑和自我批评深刻得多。它清楚地说明了拉萨尔的极端个人主义思想和想要出人头地的强烈愿望。可以说,它在一定程度上预示了拉萨尔以后的发展道路。《拉萨尔传略》的作者吉维列果夫在读了拉萨尔这段自白以后一针见血地指出,"但是,在民主主义者中间他想成为'王子和公爵',他生来就是要发号施令的。他的灵魂中丝毫没有谦虚这个概念。他什么都想要,

---

[①] 《拉萨尔日记》1918年柏林－维麦尔多夫德文版第20—21页。

他并不认为在生活和事业的浪潮之中,用胳膊肘拨拉开别人往前挤有什么不便之处"①。对这位作者的看法只想补充一点:拉萨尔对他生为市民的儿子而不能当贵族感到遗憾,可是他想用后天的努力来弥补先天造成的憾事,他以后确实为挤入贵族行列而蝇营狗苟。诚如后来恩格斯所指出的:拉萨尔"总打算以党作幌子利用一切人以达到自己的私人目的。其次,力图挤入上流社会,得到显赫的地位"②。

## 四、黑格尔哲学的热心信徒

1841年8月拉萨尔回到布勒斯劳后,经过一年的自修,考上了布勒斯劳大学哲学系,不久后又转到柏林大学学习语言学和哲学。

拉萨尔在大学学习时期,正好是德国黑格尔学派瓦解和分化的时期。19世纪30年代和40年代初,随着德国资产阶级在政治上分化成保守派和激进派,黑格尔学派也分化成右派(即老年黑格尔派)和左派(即青年黑格尔派)。两派之间进行着激烈的斗争。

---

① 《格拉纳特百科全书》第26卷第465页。
② 《马克思恩格斯全集》第29卷第32页。

老年黑格尔派抛弃了黑格尔的辩证法，固守黑格尔的保守的哲学体系，把理念和绝对精神看作万物之源。他们从黑格尔哲学中得出了反动的结论，肯定普鲁士的君主政体。他们承认神的存在、灵魂不死等，并企图把科学和宗教结合起来。老年黑格尔派在哲学上反映出德国资产阶级保守集团的政治情绪。

青年黑格尔派是资产阶级民主主义者，他们是革命的小资产阶级和知识分子的代表。他们的活动基本上限于对宗教的批判。他们从黑格尔哲学中得出革命的和无神论的结论。他们试图利用黑格尔的哲学来论证在德国实行资产阶级改革的必要性。但是，青年黑格尔派始终是黑格尔唯心主义的俘虏。他们否认历史发展的客观规律，认为社会历史就是"批判地思维的个人"的历史。他们用自我意识的改变来代替对现实进行革命的改造。青年黑格尔派的软弱性反映了小资产阶级在反封建斗争中的不彻底性。

青年拉萨尔对当时德国思想界这两大派别的斗争采取什么立场呢？

拉萨尔的立场颇为特殊。

拉萨尔在大学一接触到强有力的黑格尔唯心主义哲学体系，就被它深深地吸引住了，成为它的俘虏，终生都未

## 第一章　青年拉萨尔

能摆脱它的桎梏。

列宁把拉萨尔青年时代的思想发展同青年马克思的思想发展作了比较后指出："马克思在1844—1847年离开黑格尔走向费尔巴哈，又超过费尔巴哈走向历史（和辩证）唯物主义。拉萨尔在1846年开始……在1855年恢复，并在1857年8月……结束了赤裸裸地、空洞地、无聊地、书呆子气地**反复咀嚼**黑格尔主义的工作！！"①

实际上，拉萨尔单调地反复咀嚼黑格尔的工作比列宁说的还要早一些，还在1843年在大学学习期间就开始了。拉萨尔在这一年写的哲学论文《根据黑格尔哲学来特别考察的现实特征的纲要》，就是拉萨尔书呆子式地反复咀嚼黑格尔的一个证明。

在这篇文章中，拉萨尔几乎逐字逐句地抄袭黑格尔。他完全用黑格尔的头足倒立的哲学观点来解释历史。他认为历史本身就是绝对精神的发展，历史的过程是自我意识的过程，概念的各种范畴是历史的各个时代。

所以，从基本哲学观点来看，青年拉萨尔很像是一个老年黑格尔主义者。拉萨尔自己后来也承认他是黑格尔历

---

① 《列宁全集》第55卷第293页。

史哲学的热心信徒。[①]

但是，拉萨尔又和老年黑格尔派有很大的不同。老年黑格尔派是一些迂腐的资产阶级学者。他们不懂得黑格尔的辩证法，甚至抛弃了黑格尔的辩证法。拉萨尔虽然在反复咀嚼黑格尔，在黑格尔的神秘的理念发展体系里打转转，可是他以其特殊的哲学才能很好地掌握了黑格尔的唯心主义辩证法。他按照黑格尔的绝对精神的发展公式来解释历史，认为历史是概念发展的历史，这当然是错误的。但是，他又把历史看作一种发展过程，说明他很好地理解了黑格尔的辩证发展观点。从这一点来看，拉萨尔确实比那些摒弃了黑格尔辩证法的老年黑格尔派高出一头。

不仅如此，在运用概念发展的辩证法分析历史方面，拉萨尔甚至超过了他的老师黑格尔。

前面谈到，拉萨尔像黑格尔一样，把历史看作概念的发展史，是概念自我实现的过程。拉萨尔在1844年6月12日给他父亲的一封信中写道："概念在发展过程中充分展开自己，在实践中实现自己的同时，由于自己本身的否定而转变为另一种概念。任何理论只要把自己放入外界，

---

[①] 参见《马克思恩格斯论艺术》人民出版社1960年版第1卷第46页。

## 第一章 青年拉萨尔

在实践中自我实现,它就会充分显示自己,之后就展现出自己的否定因素——毁灭、崩溃、破坏,从而重新转入更好的和更高的状态。"①

拉萨尔运用黑格尔的这种概念发展变化的观点分析了整个人类的历史。他认为,从古代基督教世界到中世纪,再到近代,特别是到法国大革命,直到共产主义,都是抽象主观性的权利能力观念的不断发展和变化的结果。

拉萨尔根据观念发展的辩证法推导出了共产主义必然胜利的结论。他这样说:"主观性,绝对个性的观念是整个近代史的车轮。这个概念(像一切发展着的概念一样)必然要发展到自己本身的绝对对立面。但是,观念从这种紧张性和矛盾中又永恒地重新返回自身。观念使自己依属于物质力量。使自己、个人依属于对主观性来说是完全不可企及的客观东西。但是,观念在失去自己后又返回本身,使这种客观性(物质、东西、货币)作为一开始就属于个人的东西无条件地服从主观性——这就是共产主义的观念。在共产主义中,自由的、无限的主观性又在自己的不可剥夺的权利中恢复起来。在共产主义中,任何主观性、

---

① 《拉萨尔遗书遗文集》1921年斯图加特-柏林版第1卷第103—104页。

任何个人都表现为具有财产权利的无限者。对他来说，外部的、客观的东西不仅不能作为最高的东西来同他对立，相反地，它应当服从于他。在共产主义中，主观性观念达到这样高度的发展，以致它根据权利为自己要求客观性、占有，正因为主观性由于自己是个人、主体而掌握着无限的、绝对的权利能力——这表现在关于一切个人具有同等占有的平等权利的原理中。"[1] 拉萨尔由此得出结论："共产主义的到来是不可避免的，不管人们怎样在它面前战栗，它将为自己开辟道路，就像概念的任何新的阶段为自己开辟道路一样。它完全不是那样可怕的，历史上有过残酷得多的过渡。"[2]

拉萨尔使用晦涩难懂的思辨哲学语言来阐述重大的历史哲学问题，把活生生的现实发展的运动变成抽象概念的发展运动。从这点来看，拉萨尔确实是个黑格尔的热心信徒。但是，拉萨尔出众的地方在于，他没有受黑格尔的绝对精神的发展公式的束缚。黑格尔认为普鲁士王国是绝

---

[1]《拉萨尔遗书遗文集》1921年斯图加特－柏林版第1卷第131—132页。

[2]《拉萨尔遗书遗文集》1921年斯图加特－柏林版第1卷第133—134页。

## 第一章　青年拉萨尔

对精神发展的最高阶段和最后结果。这样他就陷入了他的保守的体系和他的辩证法的革命精神的矛盾之中。拉萨尔虽然固守黑格尔的历史是概念发展的历史这种唯心主义观点，但是他把概念的辩证发展推向前进，从中导出了共产主义必然来临的结论，实际上就否定了黑格尔关于普鲁士王国是绝对精神发展的最高阶段的说法。这是拉萨尔的独到之处，发展了黑格尔，可以说青出于蓝而胜于蓝。

我们看到，青年拉萨尔像是戴着铁锁链跳舞，但是跳得还不坏。拉萨尔是否想过要扔掉黑格尔的唯心史观这条锁链呢？没有，他从来没有这样想过，他对黑格尔的唯心主义体系终生恪守不渝。但是，拉萨尔还在青年时代就的确想对黑格尔的唯心主义哲学加以改造。他感到黑格尔的哲学中到处都存在客观规律性，好像没有人的主观能动性的余地。可是，他又不像费尔巴哈那样把黑格尔的头足倒置的哲学翻转过来，并用唯物主义观点去批判它。他没有接受费尔巴哈的唯物主义观点，而想用费希特的主观唯心主义来补充黑格尔的客观唯心主义。这样得到的只能是折中调和的结论，顶多赋予概念的发展以积极意义，不能达到像拉萨尔所设想的那样依靠黑格尔的哲学来改造现实的目的。归根到底，还是戴着铁锁链在黑格尔体系的迷

宫里跳舞。

拉萨尔也受到青年黑格尔派的一些影响，但他接受的是鲍威尔兄弟和施蒂纳的英雄史观，而对青年黑格尔派的进步的反宗教、反神的观点则拒之千里之外。同他在莱比锡商业学校上学时期的反神观点相比，这是一种倒退。他认为"历史是天启的神的存在"，"神是一切时代普遍的人的精神在感情的内在想象形式中的表现"，"神是普遍的人的精神的表现，也就是说是最高理性"，并把国家和法看作和神是同一个东西。不仅如此，拉萨尔还对法国百科全书派倡导的无神论和启蒙运动提出批评，说什么"启蒙运动更加愚昧"。

我们看到，青年拉萨尔在哲学的基本问题上和老年黑格尔派如出一辙，同时又受到青年黑格尔派的一些影响。但是，从掌握辩证法的角度来看，他高出老年黑格尔派一头；从坚持有神论角度来看，他又低于青年黑格尔派一截。这就是拉萨尔在德国古典哲学分解过程中的特殊表现。

拉萨尔既然从概念发展的辩证法推导出了共产主义必然到来的结论，那么他自己说的他"从1843年就已经是一个十分坚定的社会主义者"①,是否可信呢?

不,不可信。虽然拉萨尔当时读了一些空想共产主义者的作品(如卡贝的《伊加利亚旅行记》等),受到一些影响,但不能说他当时就已经是一个"十分坚定的社会主义者"了。更不能说拉萨尔当时就是一个坚定的无产阶级社会主义革命者。是不是无产阶级革命家、无产阶级社会主义者,不能光看理论上和逻辑上的论证,还要经受革命实践的检验,还要看他对无产阶级革命运动的态度。

## 五、拉萨尔和1844年西里西亚织工起义

马克思说过:"一般的革命——推翻现政权和破坏旧关系——是**政治行动**。但是,**社会主义**不通过**革命**是不可能实现的。社会主义需要这种**政治**行动,因为它需要**破坏**和**废除**旧的东西。"②

拉萨尔对消灭和破坏旧世界的革命行动采取什么态度呢?从拉萨尔对1844年德国西里西亚织工起义的态度可以看出,他作为一个资产阶级知识分子,在当时德国的情

---

① 《拉萨尔致马克思恩格斯书信集》1905年圣彼得堡俄文版第244页。

② 《马克思恩格斯全集》第3卷第395页。

况下具有二重性,即理论上的激进性和实践上的反动性。

1844年,德国西里西亚的纺织工人处于饥饿之中。对工人进行敲骨吸髓剥削的老板,不管工人的死活,反而放肆地说,没有吃的,去吃青草,现在草长得很旺。6月初,不堪资本家压迫和饱受饥饿折磨的西里西亚织工举行起义。当时拉萨尔正在柏林大学读书,当他得到西里西亚织工起义的消息后,于6月12日给他父亲写了一封信,破口大骂起义的织工,并主张由军队来镇压起义。

拉萨尔这样说:"请你告诉我,为什么政府当局不派拿着柳条鞭的士兵,逐家逐户地驱赶那些胡闹的布勒斯劳恶棍?人们为什么要容忍这些流浪汉在三天之中完全扰乱了公众的平静和安全?我不能理解这种行为!对于布勒斯劳事件的忍耐使我真正感到愤怒。社会状况的平静和安全是上帝所赐,它是那样神圣,以致绝不能使它成为放荡不羁的搞破坏的流浪汉的竞技场所。"

骂完了起义的织工以后,他又说:"这种光彩绮丽的现象是海鸥,海鸥,我告诉你们,这是宣告新精神的风暴将要来临的海燕……

"不,不,我们不要自我欺骗!这是穷人反对富人的战争的开始,这个战争在可怕地临近!这是共产主义的初

## 第一章　青年拉萨尔

次表现和颤抖……这是母体内的婴儿为了冲出母体、降临尘世和自我确立起来所做的初次搏斗。"①

有的历史学家根据拉萨尔信中后面那些话得出结论：拉萨尔以新时代使者的身份向西里西亚的织工起义表示祝贺，说拉萨尔在这个时期是一位坚定的民主主义者，同情正在兴起的工人运动②，而对拉萨尔要求反动政府镇压起义工人的话却只字不提，这不是郑重的态度。

历史学家对历史事件可以作这样那样的解释，这是历史学家的权力。但是，他无权隐瞒事实真相。拉萨尔的思想上当然有很大的矛盾。历史学家的任务就是要解释这种矛盾。从当时的阶级斗争的形势来看，拉萨尔身上的这种矛盾也是不难解释的。

德国资产阶级和无产阶级在反对封建制度上有一致性。推翻封建专制制度既有利于广大人民群众和无产阶级，又有利于资产阶级。拉萨尔具有一定的反封建的思想，同人民有一致的地方。可是，西里西亚织工起义恰恰

---

① 《拉萨尔遗书遗文集》1921年斯图加特－柏林版第1卷第100—102页。
② 参见东德历史学家、莱比锡马克思大学梅林学院历史教授汉斯·弗里德里奇《我们的敌人的敌人：斐迪南·拉萨尔传略》，载《工人运动史丛》1979年第1期。

超过了人民反封建的范围,直接向资产阶级开火。"起义所直接反对的不是普鲁士国王,而是资产阶级。"西里西亚无产阶级的这次起义已经不是单纯地反对贵族封建特权,它"一下子就决不含糊地、尖锐地、毫不留情地、威风凛凛地大声宣布,它反对私有制社会"①。在这种情况下,拉萨尔本能地想到他父亲在西里西亚的商店和产业。他的阶级利益压倒了他的一切高尚的、漂亮的词句。他的阶级本能压倒了他的概念发展辩证法的逻辑推理。他要为人民的利益而献身,可是当他刚刚迈开第一步,就和人民的敌人封建贵族站到一条线上去了。但是,由于德国还没有进行资产阶级民主革命,所以他以后还有可能和工人一起参加反对封建专制制度的斗争。

## 六、拉萨尔和海涅

1844年,19岁的拉萨尔在柏林大学毕业,获得了哲学博士头衔。他在家赋闲了一段时期。1845年,拉萨尔为了写一部关于古希腊哲学家赫拉克利特的著作,到巴黎图书馆收集资料。12月,拉萨尔经他姐夫弗里德林德的介绍

---

① 《马克思恩格斯全集》第3卷第390页。

## 第一章 青年拉萨尔

认识了德国著名诗人海涅。弗里德林德当时在布勒斯劳和布拉格经营煤气股份公司。他怂恿海涅买了他的煤气公司的二十五份股票，价值一万二千五百法郎，因而当时同海涅来往比较密切。

海涅对才华横溢的年轻的拉萨尔非常喜欢。正如恩格斯所说的："拉萨尔以自己的精力、果敢和老练赢得了海涅的敬佩，而这些特点，在当时的以及现在的大多数年轻的德国人中，是打着灯笼也难找到的。"①

拉萨尔认识海涅的时候，正值诗人为遗产问题同亲友打官司。拉萨尔在这件事上显示了他的"律师"才能，他为海涅出谋划策。总的说来，拉萨尔的效劳使海涅当时非常满意。

1846年3月，当拉萨尔回德国的时候，海涅给德国作家万哈根·冯·恩赛写了一封非常热情的推荐信。信中说：

"持信者是我的朋友拉萨尔先生，这位年轻人具有卓越的才能；我从来还没有遇见过具有这样渊博的学识、广泛的知识和敏锐的智慧的年轻人；他把知识的力量和令人

---

① 《马克思恩格斯全集》第36卷第695页。

惊叹的实际才干同得天独厚的优异天赋结合在一起,如果他对我的同情不会熄灭的话,我会得到他最有效的帮助。无论如何,这种知识和力量的结合、天才和个性的结合,在我看来是一种可喜的现象。阁下在识别人才方面见广识多,眼力过人,无疑会给他以应有的赞扬……"[1]

1846年2月,拉萨尔回到德国后,曾请求洪堡向普鲁士当局交涉,允许海涅回德国治病和旅行。为此事,海涅曾向拉萨尔写过一封感谢信,对拉萨尔再次作了高度的评价。海涅说:"今天我只限于对你表示感谢;从来没有一个人给我做过那样多的事。我没有看见过什么人能够把那样的热情和明确的思想体现在行动之中。自然,你完全有权利敢作敢为。我们,其余的人,只不过是肆意妄为地攫取了这种神圣权利,这种天赋的特权。同你相比,我只不过是一只小小的苍蝇。昨天晚上我还同格律恩谈到过这点。"[2]

路遥知马力,日久见人心。五年之后,海涅发现拉萨尔的品质不好,改变了对拉萨尔的看法,对他评价很坏。主要原因有三个:首先,拉萨尔的姐夫拐骗了海涅的

---

[1] 《海涅全集》1959年俄文版第10卷第191页。
[2] 《海涅全集》1959年俄文版第10卷第194页。

## 第一章 青年拉萨尔

一万二千五百法郎的煤气股票,使诗人陷于穷困。拉萨尔和他的父亲参与了这个肮脏的勾当。其次一个原因是,当海涅为遗产继承问题同家里人闹纠纷的时候,拉萨尔曾出了很多坏点子,现在恶果显露出来了。海涅回忆说,他当时处于极端激动的精神状态中,"正是在这种精神状态中我遇到了拉萨尔。他的热情的天性对我既起了好的作用,又起了坏的影响。他火上加油,推着我去犯极大的错误……"。还有一个原因就是,拉萨尔回国后包揽了哈茨费尔特伯爵夫人的离婚案。拉萨尔想利用海涅的声望为这场肮脏的官司服务,遭到海涅的反对,于是拉萨尔翻脸不认人,海涅不得不同他决裂。

基于以上原因,海涅改变了过去对拉萨尔的好评,认为拉萨尔"迅速地向坏的方面发展,成了最可怕的恶魔中的一个。他现在什么都干得出来,甚至会杀人、放火和盗窃"。海涅说:"(拉萨尔)在我活着的时候已经充分利用了我的一时迷误——他伪装成我的朋友,在人们之间钻营奔走,并且用我的名字来投机,赢得人们对他的好感。"[①]海涅提醒他的亲人,如果在他死后,拉萨尔再要冒充是他

---

[①] 《海涅全集》1959年俄文版第10卷第269—270页。

的朋友来招摇撞骗,就采取一切措施来揭露他。

当然,应当看到,诗人总是富于激情的。而艺术的夸张是表达激情的有效修辞手段。不过,当诗人为了夸奖拉萨尔的才干而把自己比作"小小的苍蝇"的时候,不免过于"称美过其善"了;当诗人发现拉萨尔的劣迹而谴责他的丑行的时候,又把他说成是可能"杀人、放火和盗窃"的恶魔,又有些"进恶没其罪"的味道。但是,如果我们把诗人在评价拉萨尔优缺点时的那些夸张成分去掉,不就可以看到一个完整而真实的拉萨尔了吗!

一些著名的历史学家,如普列汉诺夫、梅林、伯恩施坦,在评述青年拉萨尔的活动时,总是引用海涅给万哈根的信来赞扬拉萨尔的才智,而对海涅后来批评和揭露拉萨尔的丑恶行径的言论则只字不提,这不是严肃的历史学家应有的态度。

### 七、拉萨尔和哈茨费尔特伯爵夫人离婚案

1846年冬,拉萨尔从巴黎回到柏林,打算到柏林大学当讲师。以拉萨尔的才学和他与学术界显贵人物洪堡等的密切交往来看,他登上大学讲坛,步入学术界是没有问题的。可是,正当这个夙愿要变成现实的时候,一次会见

## 第一章 青年拉萨尔

使得拉萨尔完全放弃了猎取大学教席和进行学术研究的想法，投入一场长期的无休无止的诉讼斗争之中。这个契机就是1846年1月由他的朋友门德尔森介绍同哈茨费尔特伯爵夫人的会见。

哈茨费尔特伯爵是德国的显赫贵族，百万富翁。他不但拥有惊人的财富，而且和皇室有密切的关系。他的夫人也出身名门望族。他们婚后生有三个子女。但是，双方因乱七八糟的丑事闹得感情不和。伯爵指责他的夫人不忠，虐待她并断绝她的一切生活来源。伯爵夫人为了离婚并为她和儿子争取一笔生活费进行了长期的斗争，但毫无结果，生活无着。

拉萨尔了解了这种情况后，便自告奋勇承揽了这宗诉讼案，抛弃一切学业，专门研究法律。他以原告辩护人的身份，同哈茨费尔特伯爵前后在三十六个法院里打官司，共经历了八年时间。到1854年案件才告结束。

这件事对拉萨尔的生活道路和思想的发展影响极大。他的贵族作风的形成、同上流社会显贵人物的交往、同俾斯麦的勾结，甚至他的死亡，都和这件事有密切的关系。

对这件事历来就毁誉不一。批评者说，拉萨尔动机不纯，行为肮脏，和伯爵夫人关系暧昧；赞扬者则说，拉萨

尔动机纯洁,行动高尚。拉萨尔本人则把这场旷日持久的诉讼斗争说成是反对封建专制国家上层特权的革命斗争,甚至把哈茨费尔特伯爵夫人说成是无产者,把为伯爵夫人争取财产权的斗争说成是为被压迫者争取权利的斗争。拉萨尔说,哈茨费尔特伯爵夫人"一个人的生活反映出了早已过去的生活制度的一切不公平现象,一切滥用权力、力量和财富来反对弱者的暴行,一切破坏我们社会道德的现象"。

拉萨尔的说法言过其实。实质上,这个案件只不过是在旧的特权范围内的司法争执,是一个贵族家庭的内部丑事。它同德国广大被压迫妇女争取解放的斗争没有什么关系。

拉萨尔自称是一个社会主义革命者,可是当轰轰烈烈的德国1848年革命爆发的时候,拉萨尔却没有参加。他置一切于不顾,一门心思地去搞这件涉及贵族家庭内部纠纷的肮脏案件,使自己声誉扫地,这是拉萨尔的一个极大的错误。正如恩格斯所指出的,拉萨尔"从事这种声名狼藉的案件而势必从头到脚污秽不堪"[1]。

---

[1] 《马克思恩格斯全集》第34卷第419页。

## 第一章　青年拉萨尔

诉讼双方为了取得胜利都不择手段，无所不用其极。其中充满了妥协、勾结和阴谋。后来拉萨尔把办理这个贵族夫人的离婚案时采用过的手法搬到德国工人运动中来，造成极坏的影响。

拉萨尔的主观动机，也并不像他本人和一些历史学家所说的那样高尚纯洁。我们不否认青年拉萨尔身上有骑士作风，他有时也的确痛恨封建贵族。路见不平，拔刀相助，这在拉萨尔是可能的。但是，这些都不能成为拉萨尔几乎花十年时间来为一个贵族妇女打官司的唯一理由。不能否认，拉萨尔承揽这宗案件抱有一定的实际目的。搞这个案件要冒很大的风险，但是在胜诉的情况下，它会在政治上和经济上带来极大的好处。从政治上看，同一个贵族头目相对抗，很容易使自己成为一个反封建的英雄。拉萨尔正是这样想的。从经济上看，如果胜诉，会获得一笔巨额财富，可以终生摆脱物质上的操劳，取得从事学术、政治活动的自由。拉萨尔后来给他的一个恋人桑采娃写的《灵魂的自白》中有一段话，可以帮助我们理解拉萨尔这方面的思想活动。

拉萨尔表示，他对桑采娃的爱情是纯洁的，不以金钱为转移的。如果为了钱，他会和一个拥有巨大财富的老太

婆结婚。他说:"金钱本身是进行尘世高尚活动的手段,我把它理解为实现我的意愿的一种手段,而不是理解为目的。我愿对您坦白地承认——您也许会感到惊讶——我也许会和一个带有三四百万嫁妆的女人结婚,只是为了她的财产,而不管她是什么样的人。当这个女人把这样多的财产交给我使用的时候,这种金钱就会成为一种力量。我也许可以对自己说:'有这样多的财产,就可以促进实现伟大的科学、艺术和特别是政治目的。'"①

拉萨尔这样说是为了反衬他的爱情的高尚真挚。不过也可以从中窥见拉萨尔的一些思想活动。当然,拉萨尔以后在形式上确实没有去和一个拥有百万财富的女人结婚,但是他通过办理哈茨费尔特伯爵夫人离婚案,的确取得了"进行尘世高尚活动的手段"。这个案件于1854年胜诉后,为伯爵夫人争得了巨额财富,拉萨尔也从中获得了"实现伟大的科学、艺术和特别是政治目的"的经济基础。

杜林在评论这件事的时候曾说:"这个二十岁的青年为自己提出的最近的生活任务,就是和一个获得自由的伯爵夫人凑到一起,并参与她反对自己丈夫的案件,而且现在人所共知,他并没有忘记实际的考虑和订立协议,以保

---

① 《拉萨尔言论选编》1962年斯图加特德文版第255页。

## 第一章 青年拉萨尔

证在胜诉时为自己取得一笔巨款。"这些话虽然出自杜林之口,但还得承认他讲的是事实。

这里产生一个问题:既然这个案件是个极其肮脏的案件,拉萨尔因搞这个案件而从头到脚污秽不堪,那么马克思和他主编的《新莱茵报》为什么还给予拉萨尔一定的支持呢?

梅林这样写道:"它对这个案件并不感到很大兴趣,但它还是详细地报道了1848年8月科隆陪审法庭为教唆盗窃首饰匣事①对拉萨尔进行的审讯,同时它也把自己的各栏向他开放,作为他同哈茨费尔特伯爵进行斗争中的攻守阵地。可是,如果人们研究《新莱茵报》,在它的第一版上读一读马克思的伟大论文,然后在第四版上看到拉萨尔同受贿的宫廷侍从和叛卖的宫女,同娼妓和妓院老板以及其他各种下贱人进行斗争,那么仍然存在一个令人不快的疙瘩。"②

---

① 拉萨尔估计在哈茨费尔特伯爵的情妇那里有伯爵的重要罪证。他指使他的朋友门德尔森和奥本海姆盗窃了伯爵情妇的藏有文件的首饰匣。门德尔森和奥本海姆被警察逮捕,受到审判。拉萨尔被指控犯有教唆偷盗罪而被捕,一直监禁到1848年8月,才由陪审法庭宣告无罪。这件事被称为首饰匣案件。

② 弗·梅林《德国社会民主党史》生活·读书·新知三联书店1964年版第2卷第145页。

其实,这个疙瘩是不难解开的。

马克思在19世纪50年代办报纸不能不刊登一些社会新闻。如果整个报纸都刊登无产阶级革命文章,报纸的销路要受到很大的限制。当然,在资产阶级的及其他报刊拒绝报道哈茨费尔特伯爵夫人离婚案的情况下,《新莱茵报》能在第四版报道这一案件的情况,也是对拉萨尔的一种间接支持。

要理解马克思和恩格斯为什么会给拉萨尔一定的间接支持,这只能从当时的斗争环境去解释。

前面说过,把拉萨尔承揽这个案件的动机说成是纯洁的、白璧无瑕的、出于公心的,不完全符合事实。但是,人的主观动机和客观效果不是始终都是完全一致的。好的主观动机可能产生不好的客观效果,坏的主观动机在一定情况下也可能产生好的客观效果。

拉萨尔搞这个案件的主观动机不那么纯正。但是,1848年下半年,当反革命势力日益猖獗,封建反动派逐渐抬头,力图夺走人民群众在三月革命中夺得的革命成果的形势下,对封建贵族内部丑闻的任何揭露,都会受到仇恨封建反动派的人民的欢迎,在客观上会起到革命冲击的作用。拉萨尔通过首饰匣案件把德国一家名门贵族的不道

## 第一章 青年拉萨尔

德行为公之于众,客观上具有一定的积极意义。因此,马克思主编的《新莱茵报》才在第四版报道了盗窃首饰匣案。当拉萨尔在首饰匣案件中作了六个小时的辩护发言,最后获得无罪释放时,人民群众把拉萨尔当作英雄来欢迎,让拉萨尔骑着马凯旋一般游遍了杜塞尔多夫城。人民群众的这种情绪也可以从他们对日益猖獗的封建贵族反动势力的仇恨中得到说明。

至于梅林说,马克思主编的《新莱茵报》把自己的各栏向拉萨尔开放,"作为他同哈茨费尔特伯爵进行斗争中的攻守阵地",不完全符合事实。

1878年5月4日恩格斯说:"拉萨尔从来没有当过《新莱茵报》的编辑。他甚至从来没有给该报撰过稿,除了只在一期上登过一篇小品文以外,而且这篇小品文也由编辑部完全改过了。拉萨尔这一时期只是在办理哈茨费尔特伯爵夫人同她的丈夫离婚的案件。即使他向我们表示愿意担任编辑,我们也会断然拒绝同一个从事这种声名狼藉的案件而势必从头到脚污秽不堪的人合作。无论马克思或者我都从来没有同拉萨尔合作过。"[①]同年10

---

① 《马克思恩格斯全集》第34卷第419页。

月10日马克思也指出,拉萨尔"从来不是《新莱茵报》的撰稿人"①。当事人马克思和恩格斯当然要比后来人梅林清楚问题的实质。

拉萨尔本人给马克思的信件也可以证明,《新莱茵报》的各栏并没有成为拉萨尔为哈茨费尔特伯爵夫人办理离婚案的攻守阵地。

1849年初,拉萨尔就哈茨费尔特伯爵夫人离婚案写了一系列文章,想借无产阶级的革命报纸来"吓唬"普鲁士司法当局。拉萨尔吹嘘他的文章具有普遍意义,要求马克思在三天之内立即把他的文章作为社论发表。这个要求理所当然地遭到《新莱茵报》的拒绝。这说明,马克思主编的《新莱茵报》在对待这个案件上是很有分寸的。

---

① 《马克思恩格斯全集》第34卷第323页。

第二章

# 拉萨尔和1848年德国革命

## 第二章　拉萨尔和1848年德国革命

### 一、迟到的参加者

1848年是欧洲大革命的年代。欧洲各国被压迫的劳苦大众竞相起来，同专制制度进行殊死的斗争。从巴黎到罗马，从维也纳到柏林，从布达佩斯到布拉格，到处都扬起了革命的义旗，到处都燃起了革命的火炬。各国人民反对专制制度的斗争互相影响，互相促进着。它像大海的波涛，一浪接着一浪，一浪高于一浪。

在法国二月革命的影响下，1848年3月18日，德国人民在柏林举行起义。他们拿起武器，同普鲁士专制政府的军队浴血奋战十小时，迫使国王撤走军队，向革命人民低头认罪。德国人民赢得了三月革命的胜利。

拉萨尔曾一再声称他仇视专制制度，一向把自己看作反对封建贵族的战士。可是，当德国三月革命如火如荼地进行的时候，当千千万万被压迫的群众起来反对普鲁士霍亨索伦王朝的时候，他却忙于为哈茨费尔特伯爵夫人打官司，而没有立即参加这次革命及相继而来的一系列运动。只是到1848年8月，他在首饰匣审判案中被宣判无罪后，才参加了杜塞尔多夫市的资产阶级和小资产阶级民主派的

革命活动。这时革命的高潮已经过去,反革命势力开始抬头。所以,拉萨尔可以说是德国1848年革命的一个迟到的参加者。但迟到总比不到好。拉萨尔终于参加了革命,这是应当欢迎的。

拉萨尔很快就成了杜塞尔多夫市民主革命运动的领导人之一,并同马克思领导的民主主义者莱茵区域委员会建立了联系。这个时期,马克思把拉萨尔当成一位"党的朋友",把他吸引到这个最广泛的反封建统一战线组织中来。

## 二、响应马克思的号召

1848年11月,普鲁士政府实行了反革命政变,武装驱散了国民议会。莱茵地区各民主党派在联合一切与反动派敌对的力量的口号下,展开了抗议运动。马克思在《新莱茵报》上发表了一组题为《柏林的反革命》的文章,号召"拒绝纳税","用饥饿来制服"反动派。11月15日,在普鲁士国民议会作出拒绝纳税的决议后,马克思领导的民主主义者莱茵区域委员会又号召各地革命者用一切手段反对强行征税并组织民团来抗击敌人。

马克思也写信给拉萨尔,要求拉萨尔领导的杜塞尔多夫各民主团体通过相应的决议。马克思在信中说:"请

## 第二章　拉萨尔和 1848 年德国革命

在你们的民主君主政体俱乐部通过如下条文：（1）**普遍拒绝纳税**——特别要在农村作宣传；（2）派遣志愿军去柏林；（3）捐款给柏林民主主义者中央委员会。"①

拉萨尔积极响应莱茵民主主义者区域委员会的号召。他根据马克思的指示，于 1848 年 11 月在杜塞尔多夫举行的人民俱乐部、争取建立民主君主政体同盟、市民联合会总会和市民自卫团的联席会议上，提出了马克思建议的行动计划。

1848 年 11 月 19 日，拉萨尔以杜塞尔多夫市民自卫团的名义发表了致柏林国民议会的信，其中说："我们向国民议会宣誓，我们手握武器等待着它的召唤，以便向它表明，祖国的儿女的力量还没有竭尽。"在拉萨尔代市民自卫团起草的给国民议会的建议书中这样说："消极抵抗已经到了尽头。我们恳求国民议会：请您号召人们拿起武器，号召人们履行义务。"②

杜塞尔多夫市民自卫团的指挥官是康塔多尔，拉萨尔

---

① 《马克思恩格斯全集》第 48 卷第 41 页。
② 弗·梅林《德国社会民主党史》生活·读书·新知三联书店 1964 年版第 2 卷第 147 页；伯恩施坦《斐迪南·拉萨尔及其对工人阶级的意义》1919 年柏林德文版第 18 页。

是他的得力助手。康塔多尔命令日夜制造枪弹,准备进行武装反抗。

根据马克思提出的"特别要在农村作宣传"的指示,拉萨尔于11月21日给阿尔腾基尔申区的农业家施坦吉尔写信说:"不久全国将武装起来。武装你们那边的人们,关心他们的装备吧。杜塞尔多夫不久将爆发斗争。我希望你在接到这一消息时马上带领数百人上这儿来……不管怎样,这一次我们定将胜利,到那时候你们的贫困也就永远结束了。"[①]同一天,拉萨尔和工人彼得·韦耶尔斯在杜塞尔多夫郊区诺伊斯召开群众大会,向农民进行鼓动,号召农民武装起来。韦耶尔斯除发出同样号召外还高呼:"处死国王!"

## 三、被捕入狱和营救活动

11月22日,拉萨尔以煽动公民武装反抗王室的罪名被捕。同时被捕的还有康塔多尔和韦耶尔斯。审前拘押了五个月,直到1849年5月,杜塞尔多夫陪审法庭才审理拉萨尔案件。在开庭前,拉萨尔印发了他的长篇辩护词,

---

① 伯恩施坦《斐迪南·拉萨尔及其对工人阶级的意义》1919年柏林德文版第18页。

## 第二章　拉萨尔和1848年德国革命

后来以《在陪审法庭上的演说》为题出版。陪审法庭宣告拉萨尔无罪。但是，普鲁士反动派还给拉萨尔准备好了另一条绳索。陪审法庭宣判拉萨尔无罪，违警法庭便重新审讯拉萨尔。它以诺伊斯演说号召以暴力反抗官员的罪名给拉萨尔判处六个月徒刑。同一篇演说要由两个法庭来审判，在欧洲司法史上实属少见。

当拉萨尔身陷囹圄的时候，同案人康塔多尔和韦耶尔斯已经获释。为什么普鲁士司法当局要释主犯而囚次犯呢？杜塞尔多夫检察机关说："宣判康塔多尔和韦耶尔斯无罪对我们没有多大关系，但是拉萨尔无论如何要抓在自己手里。"这很可能是普鲁士反动派对拉萨尔在1848年8月首饰匣案件中胜诉的一种报复。马克思指出："给拉萨尔判罪，正是杜塞尔多夫当局、内阁以至大权奸所渴望的事情。对拉萨尔的怒火'直到国王的宝座前都没有熄灭'。"[①]

拉萨尔在法庭上和在监狱中的表现是好的。他在法庭上对普鲁士司法当局的非法行为进行了坚决抗议，在书面发言中对封建反动派的一切暴行进行了揭露，在监狱中对典狱长的虐待进行了针锋相对的斗争。当他的妹妹想要上

---

[①] 《马克思恩格斯全集》第6卷第545页。

书国王,请求赦免他的时候,他坚决反对这样做,表现了一个民主主义革命者的应有气节。

在拉萨尔被捕期间,社会上掀起了声援拉萨尔的运动。1849年1月2日,杜塞尔多夫市民代表团、科隆工人联合会和科隆民主协会代表团,共十二人,联合向总检察官尼科洛维乌斯呈递了有两千八百人签名的请愿书,要求尽速审理拉萨尔案件并反对虐待拉萨尔和同案人。请愿书中说道:

"斐·拉萨尔在社会舞台上进行活动的时期不算长,但获得了无数热情的朋友,他把自己极有天赋的性格的全部力量,把自己演说的全部强大力量和自己全部不知疲倦的活动完全贡献给保护宪法自由的事业,并且一刻也没有离开合法反抗的基础,对于这些连凶恶的敌人也不得不给予应有的评价,像拉萨尔这样的人周复一周地在监狱中受折磨,并受到以最荒谬的告密为根据的司法追究,这种追究可能轻易地无限期地拖延下去。"[1]

马克思主编的《新莱茵报》全文刊登了代表团的请愿书,还摘登了1845年海涅给万哈根的赞扬拉萨尔的信,

---

[1] 《拉萨尔致马克思恩格斯书信集》1905年圣彼得堡俄文版第12页。

## 第二章　拉萨尔和1848年德国革命

并在后面加了一段按语:"希望我们这个可怜国家的青年中的一个优秀的和有才能的人不要毁灭于监狱之中,他的才能曾受到一个伟大智者的正确评价。"

马克思和恩格斯很重视拉萨尔案件。他们不仅支持杜塞尔多夫和科隆营救拉萨尔的活动,还亲自向总检察官交涉。1849年8月8日,马克思、恩格斯、沙佩尔、里廷豪森、毕尔格尔斯和巴维尔·哈茨费尔特伯爵(伯爵夫人的儿子)一起去找总检察官,要求加速审理此案,谴责司法当局的蠢行,但遭到拒绝。此外,从1849年2月到5月,马克思就拉萨尔案件在《新莱茵报》上先后发表了五篇社论,既揭露司法当局的非法行为和阴谋,又动员社会舆论声援拉萨尔。马克思指出,"拉萨尔一案对我们说来之所以重要,不仅是因为这关系到我们的一位同胞、一位党的朋友的自由和权利。其所以重要,首先是因为这里涉及这样一个问题:陪审法庭处理政治犯罪的特权是否要同一切所谓三月成果遭到同样的命运"。马克思还指出,"对拉萨尔的审判从头到尾都是对一个被仇视的宣传鼓动家的蓄意陷害。这是一种以'鼓动不满'为借口而进行的密谋性的

审判案"。①

马克思、恩格斯和无产阶级的革命机关报《新莱茵报》为了替这位党的朋友辩护,做了他们所能做的一切。因此,拉萨尔在1849年2月的一封信中抱怨马克思没有发表文章来声援他是没有根据的。

### 四、两种世界观,两种不同的法制观点

从以上介绍可以看出,拉萨尔虽然是1848年革命的一个迟到的参加者,但是在参加革命以后一段时期总的表现还是很好的。马克思恩格斯对他在这段时间的活动曾给予肯定的评价。

但是,我们也不能不注意到在这个时期拉萨尔和马克思在思想上的差距。马克思在参加1848年革命的时候,已经是《共产党宣言》的作者之一。他早就完成了从唯心主义向唯物主义,从民主主义向共产主义的转变,已经是一个坚定的科学共产主义者了。而拉萨尔并没有完成这种转变,他仍然是一个历史唯心主义者,是一个资产阶级民主主义者,他的唯心主义世界观已经定型,不能接受科学

---

① 《马克思恩格斯全集》第6卷第321、557页。

## 第二章　拉萨尔和1848年德国革命

共产主义理论了。不仅如此，他所固有的相信旧法制和伪法统的庸俗民主主义思想即使在他短暂参加的激烈革命斗争中也时有表露。只要把马克思在莱茵民主主义审判案中的发言和三个月后拉萨尔在科隆法庭上的发言稍加比较，就可以清楚地看出拉萨尔的思想实质。

早在莱茵审判案之前，马克思在《新莱茵报》上就明确宣布："我们从不隐瞒这一点，我们的基础不是法制的基础，而是革命的基础"，"'法制基础'只不过意味着：革命并没有获得自己的基础，旧社会也没有失去自己的基础"。①

在莱茵法庭的发言中，马克思进一步用历史唯物主义阐明了法律和社会的关系，明确指出：社会不是以法律为基础的。那是法学家的幻想。相反的，法律应该以社会为基础。法律应是社会共同的、由一定物质生产方式所产生的利益和需要的表现，而不是单个的个人肆意妄为。马克思接着说："旧法律是从这些旧社会关系中产生出来的，它们必然同旧社会关系一起消亡。它们不可避免地要随着生活条件的变化而变化。不顾社会发展的新的需要而保存旧

---

① 《马克思恩格斯全集》第6卷第118、131页。

法律，实质上不是别的，只是用冠冕堂皇的词句作掩护，维护那些与时代不相适应的私人利益，反对成熟了的共同利益。这种保存法制基础的做法，其目的在于使那些现在已经不占统治地位的私人利益成为占统治地位的利益；其目的在于强迫社会接受那些已被这一社会的生活条件、获取生活资料的方式、交换以及物质生产本身宣判无效的法律；其目的在于使那些专门维护私人利益的立法者继续掌权；其结果会导致滥用国家权力去强迫大多数人的利益服从少数人的利益。因此，这种做法时刻与现存的需要发生矛盾，它阻碍交换和工业的发展，它准备以政治革命方式表现出来的社会危机。这就是信奉法制基础和保存法律基础的真正含义。"①

从拉萨尔在科隆法庭上的辩护发言中一再提到对马克思的审讯来看，他肯定读到马克思在莱茵审判中的发言；从有些词句看，拉萨尔受过马克思发言的影响。但是，拉萨尔并没有接受马克思在法律和社会关系问题上的唯物主义观点。同马克思对法制基础的批判相反，拉萨尔发言的整个精神是维护法制基础的。

---

① 《马克思恩格斯全集》第 6 卷第 291—292 页。

## 第二章　拉萨尔和1848年德国革命

拉萨尔说:"即便法制基础是个错误的原则,但它终究是个原则;作为一种原则,它具有道义力量,虽然这力量已属于过去。一个众所周知的事实是,人民是坚决尊重法律的,虽然这些法律明显是坏的。"拉萨尔又说,既然国王通过反革命粉碎了法制基础,那么"现在法制基础就属于我和我的战友!革命从法制基础的立场出发变成了法律上的必然性。被杀害的法制基础的复仇女神现在与各族人民的需要竞相掌握武器"。①

揭露普鲁士反动派对革命者的审讯是违反法制的,利用旧法制来同反动派作斗争,是以子之矛攻子之盾,当然是应该的。可是,认为法律不管好坏人民都应尊重,认为革命是从法制基础产生的,是法律上的必然性,则反映了拉萨尔的旧的法学观点,同马克思主义关于旧法律必然同旧的生产关系、同旧社会一起灭亡的观点,大相径庭。

由于对法制基础存在着截然不同的看法,因此必然产生对立宪制度的根本对立的观点。

马克思在《新莱茵报》上一再揭露德国资产阶级的妥协投降行为,批判资产阶级背叛人民而一味同国王协商制

---

① 《拉萨尔选集》1905年圣彼得堡俄文版第2卷第399页。

定宪法。马克思认为君主立宪原则是资产阶级和国王之间进行的一笔历史大交易。德国资产阶级根本不想彻底推翻封建专制制度。不仅如此,它力图把王权当作保护自己尘世利益的神明屏障。因此,"德国资产阶级特别是普鲁士资产阶级就朝夕盼望君主立宪政体"。①

拉萨尔则对君主立宪政体持另一种评价。他从黑格尔的法学原理出发,把立宪国家看作一种超阶级的全民的国家。

拉萨尔说:"立宪国家是普遍精神的表现,是人民总意志的表现,人民代议机构就是这种意志的体现;

"在真正的立宪国家中,绝对合法选举的代表表现出的人民意志就是法律;

"在立宪国家中,宪法就是法律,只有它才有力量和意义;

"在立宪国家中,只有法律具有意义和权力。在立宪国家中,王权没有任何力量;

"在立宪国家中,真正的统治者是选民,是选民阶级。因为选民选举复选人,复选人选举代表。这样选民阶

---

① 《马克思恩格斯全集》第 6 卷第 121、123 页。

## 第二章　拉萨尔和1848年德国革命

级归根到底是真正的统治者,是法律和富有生气的宪法的源泉。"①

拉萨尔的观点恰好是软弱的德国资产阶级的观点。1849年1月在普鲁士容克地主阶级的反动政府实行了反革命政变后,资产阶级的《国民报》就曾宣称,根据普选权选举出的代表将"表达的不是个别等级和阶级的,而是全民的精神、意见和意志"。拉萨尔终生都未能摆脱这种资产阶级观点,他以后犯的严重政治错误都与这种观点密切相关。

在对待国民议会的基本看法上,拉萨尔和马克思恩格斯的看法也不一样。

马克思在科隆审判案的辩护发言中,一方面揭露王权驱散国民议会的反动性,同时又批判国民议会的懦弱和背叛行为。马克思捍卫人民主权的原则。他指出,在国民议会面前有两条道路:"或者是革命道路——它没有走这条路,这些先生不愿意拿自己的脑袋去冒险,——或者是局限于消极反抗的拒绝纳税。国民议会正是踏上了这一条道路。但是,人民在实行拒绝纳税时必须站到革命的立场

---

① 《拉萨尔选集》1905年圣彼得堡俄文版第2卷第371、377、393、407页。

上来。国民议会的行为并没有预先决定人民的行为。国民议会本身没有任何权利——人民委托给它的只是维护人民自己的权利。如果它不根据交给它的委托来行动——这一委托就失去效力。到那时,人民就亲自出台,并且根据自己的自主的权力来行动。比如说,如果某一个国民议会把自己出卖给某一个叛变的政府,人民就必须把两者——既把政府,也把国民议会一起赶走。当国王实行反革命的时候,人民完全有权利用革命来回答它。这一点人民不需要征得任何国民议会的同意。普鲁士政府企图出卖国家,这一点国民议会本身已经承认了。"①

马克思理直气壮地为人民的主权辩护,他说得多么郑重、庄严而又得体。

拉萨尔则不然。他从腐朽的法制基础出发来同旧司法当局论战。他把已经背叛了人民的国民议会当作代表人民同封建王权相对抗的唯一合法政权来维护。因此,他的抨击封建反动派的发言有时简直成了对同封建反动势力妥协的国民议会的歌颂。请听拉萨尔是怎样说的:

"在各个城市中市民自卫团到处都集合起来,到处都

---

① 《马克思恩格斯全集》第 6 卷第 305 页。

## 第二章　拉萨尔和1848年德国革命

向国民议会写声援信。所有这些都重复同样的话：国民议会是建立在法制基础上的唯一权力机构。因此，只有它才具有合法的意义。所有这些信最后都表示一个愿望：神圣的宣誓，履行自己的义务，用坚强的手，用自己的财产和血来保卫国民议会。所有这些市民自卫团，这个民族的有产阶级，这些从事工业和商业活动并且为了财产而热爱平静的和平的人们，从他们的胸中发出一个战斗的喊声。难道在检察官的眼中，按照他的逻辑，他们都是罪犯？"①

拉萨尔还说："国民议会是三月革命的最高和最生动的体现。它是三月革命的最高法律表现，甚至是一切法律和现存自由的泉源。"

请看，马克思和拉萨尔在同一时期同类审判案中的辩护发言轩轾何其分明！马克思是作为无产阶级革命家来参加民主革命的，所以他时时刻刻捍卫的是人民的权利、无产阶级的利益；拉萨尔是作为资产阶级革命家来参加资产阶级民主革命的，他看问题的着眼点离不开"为了财产而热爱平静的和平的人们"的利益。马克思宣布，如果国民议会背叛人民，就连同国民议会和王权一起打倒。拉萨尔

---

① 《拉萨尔选集》1905年圣彼得堡俄文版第2卷第389页。

在国民议会已经背叛人民的情况下却宣布要用"财产和血"来保卫国民议会。这样一来，被马克思和恩格斯称为"清谈馆""老妪会议""蛤蟆坑""笨伯组成的辩论俱乐部"的没有任何权力的国民议会，在拉萨尔的眼中变成了"建立在法制基础上的唯一权力机构"，成了法律和自由的泉源。可见，以君主立宪为重要特征的普鲁士庸俗民主派的观点在拉萨尔身上根深蒂固。在以后的发展中，拉萨尔一直没有认真去克服反映普鲁士资产阶级软弱、妥协、投降立场的普鲁士庸俗民主主义观点，最后自己也走上了向普鲁士封建反动派妥协、投降的道路。

# 第三章
# 拉萨尔在欧洲反动年代

## 第三章　拉萨尔在欧洲反动年代

### 一、从惊惶到极"左"

1849年5月，拉萨尔被违警法庭判处六个月徒刑。当拉萨尔出狱的时候，德国革命已经失败，白色恐怖笼罩全国。其他国家的革命也都先后被镇压下去。革命处于低潮。长达十年之久的欧洲反动时期开始了。

德国封建反动势力对革命人民进行残酷的反攻倒算。《新莱茵报》被封闭，共产主义者同盟被迫解散。大批革命者，尤其是普法尔茨和巴登起义的参加者，不是惨遭杀害，就是身陷囹圄。马克思恩格斯以及《新莱茵报》的许多其他成员和共产主义者同盟盟员都流亡国外。《新莱茵报》的拥护者中，拉萨尔由于武装反抗王室案受审判而留在国内，免于流亡生活。对拉萨尔来说，这可以说是因祸得福。

拉萨尔继续和马克思保持通信，为马克思提供一些国内情况，得到马克思的称赞。他说："拉萨尔至今还是唯一敢于和伦敦通信的人。"①

拉萨尔出狱后，面临欧洲反动势力猖獗的局面，开始有些惊慌失措。经过马克思的帮助，拉萨尔又重新振作起

---

① 《马克思恩格斯全集》第49卷第439页。

来。从对反动势力的惊恐中苏醒过来后,最初一段时间,拉萨尔甚至表现出极"左"情绪。他认为不久之后欧洲将会发生纯粹社会主义性质的革命。拉萨尔这样说:"我从1848年和1849年德国的历史中吸取了一个不可动摇的教训,即欧洲的任何斗争,如果它不是一开始就宣布为纯粹社会主义的,就不能取得胜利;任何斗争,如果它只是把社会问题作为一种模糊的因素而放到次要地位,并且从外表上看是在民族复兴和资产阶级共和主义的旗帜下进行,就不可能成功;任何斗争,如果它不是像1848年6月那样毫不夸大地把'劳动或者死亡'宣布为自己的口号,就不可能获得成功。"①

在欧洲许多国家仍然面临反封建的民主革命任务的情况下,希望一举彻底实现社会主义革命,是一种"左"倾幼稚病。拉萨尔的这种极"左"观点是国际共产主义运动中妄图使民主革命和社会主义革命毕其功于一役的主张的先声。后来托洛茨基曾利用拉萨尔的这个观点来论证自己的极"左"思想。

---

① 《拉萨尔致马克思恩格斯书信集》1905年圣彼得堡俄文版第8页。

第三章　拉萨尔在欧洲反动年代

## 二、波拿巴主义倾向的出现

在对待路易·波拿巴政变问题上，拉萨尔又表现出极右的观点。

利用普选权当上第二共和国总统的路易·波拿巴，于1851年12月1日夜，调集七万以上的兵力，发动政变，逮捕秩序党的领袖，解散立法议会，同时宣布恢复他曾于1850年3月31日同秩序党一起废除了的普选权。很明显，路易·波拿巴只不过把普选权当作自己的工具，根据自己的反革命需要随时决定废除或恢复。正如恩格斯所指出的，波拿巴利用普选权篡夺国家最高领导权一事说明，"普选制在有利的情况下可以变成压迫群众的工具"①。

可是，拉萨尔却对波拿巴实行政变和玩弄普选权充满了幻想。他说：

"波拿巴是在高尚的共和国尸体上形成的一个伤痂。他的存在就是为了消灭旧的传统经济中一切尚有生命力的东西。他很快就会使一半法国成为愤怒的革命的，另一半成为同必然性调和的消极的革命的。他使状况革命化，而这比人的意志和党派的情绪还要重要。他在1848年5月

---

① 《马克思恩格斯全集》第21卷第471页。

以后第一次恢复了群众的统治,虽然是最肮脏的、不公平的和丑恶的形式。但是,高尚的有产阶级的寡头政治永远被消灭了,他是群众革命和反对财产利益的革命的隐蔽的因素。如果他利用国家力量这个工具来剥夺有产者而满足无产者的物质利益,就能在资产阶级疯狂进攻的情况下,在一定程度上继续自己的间奏曲。他很好地意识到这种必要性,他的眼光已盯住这一点,就像盯住与自己生死攸关的命运一样。教皇很少能对天主教会进行什么改革,同样,在私有财产的概念存在的情况下,在目前占统治地位的生产制度下,也很少能实行什么改革。如果他能改变(要知道这是不可能的)财产关系,我们就会生活在完全的社会主义中,而社会主义很快就会抛弃他的专制的茧。所以,我同你一起高声地说:事情正在发展!只要耐心等待一下!"①

波拿巴明明是把普选权当作压迫群众的工具,拉萨尔却说波拿巴恢复了群众的统治;波拿巴虽然暂时取消了资产阶级的议会统治,但他建立的专政仍然是资产阶级的政权,他自己仍然是资产阶级的偶像,是同资产阶级骨肉相

---

① 《拉萨尔致马克思恩格斯书信集》1905年圣彼得堡俄文版第51页。

## 第三章 拉萨尔在欧洲反动年代

连的"大政治家"。拉萨尔则希望波拿巴能利用国家力量剥夺有产者而满足无产阶级的利益;波拿巴为了拉拢群众必然要搞一些小恩小惠,但他决不会去改变财产关系,消灭私有制度,更不会去实行社会主义,拉萨尔却奢想波拿巴来改变财产关系,从而实现完全的社会主义。拉萨尔身上的崇奉普选权的庸俗民主主义观点,超阶级的国家观点,希望"好皇帝""救世主"来解救工人阶级苦难的英雄史观,通过对波拿巴政变的看法再次暴露出来了。19世纪60年代恩格斯曾指出,拉萨尔有强烈的波拿巴主义倾向,看来,这种倾向在50年代初就已经露头了。50年代末,拉萨尔则更进一步认为波拿巴负有伟大的"历史使命"。可以毫不夸大地说,正是这些错误观点引导拉萨尔一步一步地走上向普鲁士封建反动势力妥协投降的道路。

拉萨尔一再声称,他是马克思的学生。尤其是在50年代初,他一再强调自己同马克思的观点是一致的。但是,只要把拉萨尔的上述观点同马克思在《路易·波拿巴的雾月十八日》一书中的观点约略加以对照,就会看出,科学社会主义者和小资产阶级社会主义者之间的距离是多么大啊!

## 三、拉萨尔和共产主义者同盟

尽管如此,马克思还是对拉萨尔寄予厚望。马克思很珍视拉萨尔的才能和充沛的精力,总是想尽办法帮助拉萨尔,希望拉萨尔能成为一个无产阶级革命家,这对无产阶级事业会大有好处。

在1848年革命中,拉萨尔虽然同马克思建立了联系,但他一直不是共产主义者同盟的盟员。鉴于拉萨尔在法庭上的表现还不错。在反动年代初期,虽然他没有克服庸俗民主主义观点,但他敢于和马克思保持通信,提供国内情况,也能接近工人。而且,据拉萨尔自己说,在50年代,他的家"不顾白色恐怖,不顾当时野蛮的无法状态,曾经是民主宣传的无畏的掩护所,曾经是最无畏最坚决给党以援助的可靠的掩护所"①。拉萨尔在反动年代初期的表现一般说来是积极的。因此,50年代初,当共产主义者同盟中央委员会决定在德国恢复和重建同盟时,马克思主张吸收拉萨尔加入共产主义者同盟。1850年6月,马克思通过佐

---

① 《拉萨尔全集》1919年柏林德文版第3卷第341—342页。还有另外一种看法。鲁·安东诺夫在《斐·拉萨尔》一文指出,当时拉萨尔曾为狱中的杜塞尔多夫工人提供援助,但工人拒绝接受,见1925年4月11日《真理报》。

## 第三章　拉萨尔在欧洲反动年代

林根工人克莱茵把接收拉萨尔为共产主义者同盟盟员的建议转达给共产主义者同盟科隆区部的领导。但是，科隆工人不满意拉萨尔把哈茨费尔特伯爵夫人的离婚案放在首要地位，而把其余一切放到次要地位，因而拒绝接收拉萨尔入盟。科隆区部领导人之一勒泽尔于1850年6月18日写信给马克思说：

"由克莱茵公民转送的您所知道的文件①，我们已经收到。他把接收杜塞尔多夫的拉萨尔公民加入共产主义者同盟的建议已经口头告诉了我们，但我们不能接受。因为我们在这里有可能更仔细地观察他的行为，并认为他依然坚持贵族的原则，而且在争取工人的共同福利的斗争中没有表现出应有的热情。"②

马克思是很讲民主的，既然科隆中央委员会一致反对接收拉萨尔入盟，马克思也只好作罢，但仍然同拉萨尔保持联系，继续帮助和培养拉萨尔。

应当指出，拉萨尔身上的毛病的确太多了。他自命不凡，盛气凌人，既瞧不起工人，也蔑视共产主义者同盟科隆支部的领导人。科隆工人和同盟盟员对拉萨尔的资产阶

---

① 指1850年6月《中央委员会告共产主义者同盟书》。
② 《共产主义者同盟》（文件汇编）1964年俄文版第283页。

级老爷作风极为不满。从 50 年代开始，共产主义者同盟的不少盟员就一再给马克思写信揭露拉萨尔，提醒马克思不要信任拉萨尔。例如，1851 年 4 月，共产主义者同盟盟员罗兰特·丹尼尔斯写信给马克思说："我必须再一次十分严肃地提醒你注意一个骗子。我和许多人都认为他是一个浅薄的吹牛家和纯粹民主的骗子，他总有一天会像特勒灵①那样暴露出自己的真面目。"②同年年底，另一个共产主义者同盟盟员贝尔姆巴赫又写信给马克思揭露拉萨尔。他说："若干时候以来，拉萨尔在这里到处乱窜，在工人中间转来转去，煽动一些人，到处打听消息，并想方设法进入和被接收入组织；他越是达不到目的，他就越发急躁。撇开他以往的全部历史和他干预一个贵族伯爵家庭的一切卑鄙的和丑恶的阴谋不谈，我也不能相信这个人；即使我完全相信他的意图的纯洁性，我也永远不会信任他，因为他是一个吹牛家和利己主义者。"③

马克思和恩格斯一向很爱惜人才，他们并没有因这些

---

① 特勒灵曾是《新莱茵报》驻维也纳记者，19 世纪 50 年代侨居伦敦，曾诽谤马克思。

② 《马克思恩格斯和第一批无产阶级革命家》1961 年莫斯科俄文版第 235 页。

③ 《拉萨尔致马克思恩格斯书信集》1905 年圣彼得堡俄文版第 45 页。

## 第三章　拉萨尔在欧洲反动年代

揭露而一下子把拉萨尔作为骗子加以唾弃，而是一分为二地看待拉萨尔。他们觉得在反动势力猖獗的年代，富有朝气的拉萨尔仍然向无产阶级靠拢，难能可贵，只要细心斧斫，可能会使拉萨尔成为有用之才。因此，在1853年，马克思和恩格斯考虑重新建党时，给拉萨尔以很高的评价。1853年3月10日，马克思给恩格斯写信说："我们一定要更新我们党的成员。克路斯是好的。莱茵哈特在巴黎辛勤工作。拉萨尔虽然'但是'很多，却是坚强而精力充沛的。皮佩尔如果幼稚的虚荣心少些，坚持不渝的精神多些，那他不会没有用处。伊曼特和李卜克内西顽强，他们各有各的用处。但是所有这些并不是党。"[①] 恩格斯第二天回信谈了自己的看法："除克路斯外，拉萨尔比他们所有的人都能干得多，这一点当哈茨费尔特伯爵的财产最终并入国家财产的时候，会特别明显地表现出来。他有他的怪癖，可是也有党性和抱负，而他的那些卑下的、从属的情欲和私事（他将在为公的借口下永远醉心于这些东西），是众所周知的。"[②]

拉萨尔辜负了马克思和恩格斯的希望。他的那些"但

---

[①]《马克思恩格斯全集》第28卷第227页。
[②]《马克思恩格斯全集》第28卷第229—230页。

是"、那些卑下的情欲一直拖着他走下坡路。50年代初，虽然他一再向马克思和恩格斯靠拢，并与他们谈论建党事宜，但实际上，他始终把办理哈茨费尔特伯爵夫人的离婚案作为自己的中心工作。尽管这个案件极大地损害了他的声誉，引起多方的责难，但他仍一意孤行，顽强斗争，不达目的誓不罢休。

### 四、打赢官司，争得三十万塔勒

还在1848年因号召武装反抗王室罪而坐牢的时候，拉萨尔甚至还请假出狱办理这一案件。在1849年获释后，拉萨尔全力以赴地为这一案件而奔走于各个法院之间。1854年夏天，拉萨尔终于取得了胜利，迫使哈茨费尔特伯爵在和解协议上签字，为伯爵夫人争得了三十万塔勒的巨额财富，拉萨尔也从中分得每年七千塔勒的固定年金。拉萨尔得意地说："我终于打败了这个绅士！我终于把他踩在脚下了！我终于把这个女人从他的暴力下解放出来，并迫使他把很大一部分财产分给了她。"①

这个案件胜诉后，拉萨尔踌躇满志，自认为是世界的

---

① 伯恩施坦《斐迪南·拉萨尔及其对工人阶级的意义》1919年柏林德文版第20页。

## 第三章　　拉萨尔在欧洲反动年代

征服者。他到处吹嘘他的法学才能和洞察力，实际上他完全是靠玩弄阴谋诡计达到目的的。事情是这样的。拉萨尔同哈茨费尔特伯爵鏖战八年，都未能取得胜诉，但一个偶然的机会帮了他的忙。哈茨费尔特伯爵的代理人施托库姆同伯爵吵翻了。他向拉萨尔透露，他手里有一批文件可以使伯爵因违誓和伪造等罪行而戴上镣铐。拉萨尔答应给施托库姆一万塔勒，并拿到了这批文件。于是，他劝说检察长克斯特里茨通知哈茨费尔特伯爵，说自己有告发他的起诉书。哈茨费尔特伯爵非常害怕，本来准备逃往巴黎，这时拉萨尔把有损名誉的文件交给了伯爵以换取他在跟伯爵夫人和解的协议上签字，从而取得三十万塔勒的巨额财富。施托库姆后来被陪审法庭判处五年徒刑，检察长克斯特里茨因参与这件事而被迫辞职。拉萨尔则背信弃义地赖掉了答应给施托库姆的一万塔勒。此外，在胜诉之前，拉萨尔曾同杜塞尔多夫的朔伊埃尔合伙做买卖外国有价证券的投机生意，朔伊埃尔曾借钱给拉萨尔。投机失败，朔伊埃尔破了产。现在拉萨尔打赢了官司，朔伊埃尔向他索取借款，拉萨尔便嘲弄他，把法典禁止搞外国证券投机的条款指给他看，从而赖掉了借款。这些事都清楚地说明了拉萨尔的为人。

拉萨尔曾一再吹嘘他办理这个离婚案是为了反对封建贵族的压迫，宣扬他和贵族不共戴天。可是，当有可能使大贵族哈茨费尔特穿上囚衣戴上镣铐的时候，他却为了钱而轻易地放过了这个反动贵族，这不能不使人怀疑他办理此案的动机。

**五、生活的转折点**

哈茨费尔特伯爵夫人诉讼案的胜利结束是拉萨尔一生的转折点。在这之前尽管拉萨尔身上有这样那样的毛病，但总的说来，他还是靠拢马克思和其领导的无产阶级革命运动的，也还能接近工人群众，虽然他和留在德国的工人领导人有种种矛盾。自从打赢了官司以后，拉萨尔身上的那些否定的因素（贵族作风、领袖欲、享受生活的欲望）恶性发展，引起工人的极大不满。

1856年2月，莱茵省社会主义者勒维受杜塞尔多夫工人的委托到伦敦向马克思报告莱茵工人运动的状况，并告发拉萨尔。勒维告诉马克思，自从伯爵夫人得到三十万塔勒，拉萨尔完全变了样，故意疏远工人，奢侈享乐，向"贵族血统"的代表人物献媚。工人们甚至指责他经常利

## 第三章　　拉萨尔在欧洲反动年代

用党去干私人的肮脏勾当,甚至为了有利于诉讼,想利用工人去从事犯罪活动。工人们说,他们原谅拉萨尔的一切丑行,只是因为他把这次诉讼看成是荣誉的事情,才牵涉进去。他们说,现在官司打赢了,他不是要伯爵夫人给他劳动报酬,做一个独立自主的人,而是毫无理由地、恬不知耻地靠伯爵夫人供养并听命于她。他经常把官司打赢后将要做的事情加以吹嘘。而现在他以特别引人注目的挑衅态度把工人当作无用的工具丢开。勒维说,工人非常恨他,如果发生革命运动时他出现在杜塞尔多夫,工人就会杀掉他。工人确信,一旦拉萨尔知道了这些怀疑,他就会立刻投到敌人阵营去。[1]

以往,马克思由于对拉萨尔抱有好感,不大相信工人的揭发,甚至还把工人的意见当作流言蜚语。这一次,马克思肯定了工人的揭发,认为勒维讲的所有情况总和起来完全给人一种肯定的印象。

50年代初,德国诗人海涅在给拉萨尔的父亲的一封信中也曾写道:"我的可怜的斐迪南·拉萨尔!当我想到他,看到那样卓越的天赋才能成为魔鬼的自我毁灭的牺牲

---

[1] 参见《马克思恩格斯全集》第29卷第27—29页。

品时,我的心都要碎了。"① 时隔六年,当恩格斯知道勒维向马克思汇报的拉萨尔情况后,也感慨地说道:"这个家伙由于很有才华而倒霉,但是这些行为也太不像话了。"② 恩格斯同意马克思的意见并认为拉萨尔是一个始终需要提防的人,因为首先,"他总打算以党作幌子利用一切人以达到自己的私人目的。其次,力图挤入上流社会,得到显赫的地位,哪怕用各种化妆品来修饰龌龊的布勒斯劳的犹太人的外表——这始终是令人生厌的。不过所有这一切都只能使人们必须对他进行严密的监视。但是,如果他干出直接引起脱离党的这类事情来,那么我决不责怪杜塞尔多夫工人这样恨他。……我以为,一切都应当像你向杜塞尔多夫人指出的那样处理。如果他将来走到公开反党的地步,那他逃不出我们的手心。不过,看来还没有到这种地步,而出丑总归是极不妥当的"③。

马克思和恩格斯对待拉萨尔一向是既坚持原则,又留有余地,有时在照顾大局的情况下甚至原谅一下他的缺点,因为他们觉得革命总是人多一些好。这一次他们虽然

---

① 《海涅全集》1959 年俄文版第 10 卷第 250 页。
② 《马克思恩格斯全集》第 29 卷第 32 页。
③ 《马克思恩格斯全集》第 29 卷第 32—33 页。

## 第三章　拉萨尔在欧洲反动年代

同意工人的意见,但认为拉萨尔还没有走到反党的地步,所以让工人们继续对他监视,暂时不要宣扬出去。这实际上是再次保护了拉萨尔。

至于让工人继续监视拉萨尔,看来也难。这未必能保证他不继续滑下去和不走上反党的道路。因为,拉萨尔是自由的,他没有入党,经济上也是独立的,所以尽管他的行为不得人心,别人也无法约束他。因此,他还是我行我素。在这个时期,他尽情地享乐,不断地谈恋爱、驰骋情场。他像一般德国的资产阶级暴发户一样,大搞证券投机生意。在哈茨费尔特伯爵夫人的影响下,他处处模仿贵族。正如梅林所说的,在这个时期,拉萨尔的"道地的新贵作风开始形成"[①]。

### 六、向反动派求情,移居柏林

对野心勃勃的拉萨尔来说,取得经济自由,仅仅在一个小城市里摆摆阔气是不够的。他向往大城市的豪华生活,力图跻身上流社会;他需要名誉和地位,要在学术界崭露头角。他急于到学者云聚和贵族麇集的首都柏林去居

---

[①] 弗·梅林《德国社会民主党史》生活·读书·新知三联书店1964年版第2卷第238页。

住。为此,拉萨尔再次表现了为达目的不择手段、不讲原则的政客作风。

1855年5月31日,拉萨尔给柏林警察总监辛凯尔迪写信,苦苦哀求这个警察头子准许他移居柏林从事学术活动,以便写完他因哈茨费尔特伯爵夫人离婚案中断了的学术著作《赫拉克利特的哲学》一书。拉萨尔向这个反动头子谄媚地说,他的"遐迩闻名的品德"使得自己对他"产生特殊的信任",并表示,如蒙允许移居柏林,他就绝对奉公守法,不搞密谋活动,不当"烧炭党人"(即不当革命者)。经过拉萨尔低三下四地请求,以及洪堡的从中斡旋,1857年5月拉萨尔获准在柏林居住六个月。1858年,王国警察当局勒令拉萨尔迁出柏林。拉萨尔又亲自给镇压1858年德国革命的刽子手、臭名昭著的"炮弹亲王"(当时的代理执政,后来的威廉一世)上书,请求继续准许他留居柏林,以便研究毕达哥拉斯的哲学。拉萨尔向"炮弹亲王"保证放弃任何政治活动,并表示他是"怀着最坚定的信任和最充满活力的信念"请求亲王帮助的,说什么他根据"众所周知的殿下的性格来看",亲王不能对他"提出的请求不加理睬的"。此外,他还乞求亲王"恩赐接

## 第三章　　拉萨尔在欧洲反动年代

见",以便面陈衷曲。①

拉萨尔生前这两封信没有公布。只是在1903年才由德意志帝国秘密档案保管员白劳易发表在《德意志政论报》上,因而人们不知道拉萨尔在19世纪50年代还有过失节行为。

拉萨尔在工人中进行鼓动时,总是吹嘘自己如何革命,夸口他是个真正的革命者,说他在同反动政府的斗争中"从来没有退让过一步",保持了"彻底革命的气节",等等。但是,一个1848年革命的参加者、一个享有伟大青年革命家声誉的人,竟然向镇压1848年革命的刽子手奴颜婢膝地求情,向他表示信任,向他表示忠诚,向他宣布放弃革命活动,这难道不是丧失气节的行为吗?

拉萨尔向"炮弹亲王"求情的丑行,使得那些想为拉萨尔辩护的人处于极为难堪的境地。

梅林一方面替拉萨尔开脱,说拉萨尔给警察总监写信和给普鲁士亲王上书,"都是不辱他的身份的",同时又不得不承认,"1848和1849年的革命者不应当给'炮弹

---

① 《社会主义文献》1968年法兰克福德文版第2、3卷合订本,第3卷第408—412、413—416页。

亲王'上请愿书。马克思所说的简单的道德感本来应该阻止他这样做,马克思本人就没有同现政权进行哪怕是表面上的妥协"①。伯恩施坦在他写的《拉萨尔及其对工人阶级的意义》一书中把拉萨尔描写成工人阶级的"先进战士","严肃地对待劳动人民的事业","对党始终无限忠诚"。可是,在这件事情上他也不得不对拉萨尔批评几句,说什么拉萨尔"在以上两封信中向当时的统治者所做的让步却超出了必要的限度。深信拉萨尔民主共和信念的人,对此只能表示惋惜。这暴露了拉萨尔的一个特点,即在选择手段的时候常常越过一个有坚定信念的人的自尊心所能容许的界限"②。其实,这正好说明拉萨尔的民主共和信念是很不坚定的。拉萨尔是个有马基雅维利思想的人,是资产阶级功利主义者。他的人生目的就是追求荣誉和出人头地。为了满足自己的要求和欲望,只要对他有利,他什么都干,什么原则都可以抛弃。

---

① 弗·梅林《德国社会民主党史》生活·读书·新知三联书店 1964年版第2卷第237页。
② 伯恩施坦《拉萨尔及其对工人阶级的意义》1919年柏林德文版第24页。

## 第三章　拉萨尔在欧洲反动年代

### 七、追求荣誉和跻身学术界——《赫拉克利特的哲学》一书出版

拉萨尔的精力的确是充沛的。他在1855年重新恢复搁置十年之久的理论研究工作后，在短短的两年内就完成了八百多页的两卷本哲学著作《爱非斯的晦涩哲人赫拉克利特的哲学》。连藐视这本书的马克思在给拉萨尔的信中也惊讶地指出："我不理解，你在百忙之中怎么能有工夫把希腊语文学掌握到这样的程度。"①

赫拉克利特是古希腊有名的唯物主义哲学家。他的语言和思想以艰深、晦涩著称，因此得到"晦涩哲人"的绰号。古希腊哲学家苏格拉底曾说："他（赫拉克利特）所了解的是深邃的，他所不了解而为他所信仰者，也同样是深邃的；但是，为了钻透它，就需要一个勇敢的游泳者。"特别是，赫拉克利特没有留下一部完整的哲学著作，保存下来的只是一百多条像语录一样的残简以及别人著作中的一些不完整的引文。这就更增加了后代研究者的困难。

拉萨尔不畏艰险，凭着他的高深的哲学修养、丰富的希腊语言知识和顽强的毅力，根据零星的残简出色地整

---

① 《马克思恩格斯全集》第29卷第540—541页。

理了赫拉克利特的哲学体系,并介绍了历代研究者的有关论述,为研究赫拉克利特哲学的人提供了很大的方便。因此,拉萨尔够得上"一个勇敢的游泳者"。

但是,从思想上看,拉萨尔没有为赫拉克利特的研究提供什么新的东西。他只是重复黑格尔关于赫拉克利特所说的一切。他力图用唯心主义者黑格尔的思想去解释唯物主义者赫拉克利特的哲学,竭力把赫拉克利特关于物质变化的朴素的唯物主义辩证法思想纳入唯心主义者黑格尔的头足倒立的概念发展的逻辑体系。

下面我们来看,拉萨尔是怎样追随黑格尔把唯物主义者变成唯心主义者的。

在欧洲哲学史上,赫拉克利特是最早使用"生成"这个概念的思想家之一。生成是个辩证法范畴。生成意味着事物由一个发展阶段向另一个发展阶段的过渡,新的东西不断产生和旧的东西不断灭亡。在古代哲学家中,赫拉克利特把这种发展变化的规律说得最为清楚。他认为世界万物的本原是具体的物质"火"。"世界是万物的整体,它不是由任何神或任何人所创造的,它过去、现在和将来都是按规律燃烧着、按规律熄灭着的永恒的活火。"列宁认为

## 第三章　拉萨尔在欧洲反动年代

"这是对辩证唯物主义原理的绝妙的说明"[①]。赫拉克利特认为世界万物没有静止和不变的东西，一切都在运动、变化、生成和灭亡。"一切事物都换成火，火也换成一切事物"，"一切皆变，无物常住"，"万物都在运动。永恒的事物永恒地运动着，暂时的事物暂时地运动着"。他用生动的形象的语言阐述了他根据变化发展的观点观察事物而得出的辩证思想。他说："人不能两次踏进同一条河流，也不能在同一状况下两次接触到一件变化的东西，因为变化得剧烈和迅速"，"我们既踏进又不踏进同一条河流；我们既存在又不存在"。赫拉克利特把万物同时在生成着和灭亡着的规律叫作"逻各斯"。"逻各斯永恒地存在着"，"万物都根据这个逻各斯而产生"。赫拉克利特还认为，这个世界上变化着的万事万物都是互相联系和互相依存的。任何事物都包含着对立面，是二者的统一。事物都是"相反者相成"，由对立造成和谐。他窥测到一切运动和变化都源自事物内部的对立面的斗争。他说："互相排斥的东西结合在一起，不同的音调造成最美的和谐，一切都是斗争所产生的。"又说："应当知道，战争是普遍的，正义就是斗

---

[①]《列宁全集》第55卷第299页。

争,一切都是通过斗争和必然性产生的。"①

以上就是赫拉克利特的"生成"哲学的基本内容。尽管赫拉克利特被称为晦涩哲人,但他的基本思想却是清楚的。他以天然纯朴的形式揭示了辩证法的基本规律,第一次明白地阐述了运动和变化的世界观。因此,列宁称赫拉克利特为辩证法的奠基人之一。

但是,这个实质上是正确的世界观,在赫拉克利特那里是以原始的、朴素的和粗糙的形式出现的,也是自发的、直观的和笼统的,它缺乏科学根据和科学分析,更没有形成一个严整的体系。只是在两千二百年后,黑格尔才在他的《哲学史讲演录》中对赫拉克利特的哲学思想作了较系统的介绍。黑格尔在《逻辑学》一书中全面发挥了赫拉克利特的"生成"哲学的基本原则。正如黑格尔自己说的:"没有一个赫拉克利特的命题,我没有纳入我的逻辑学中。"

但是,黑格尔的"生成"思想同赫拉克利特的"生成"思想有根本的区别。赫拉克利特是朴素的唯物主义者、原始的辩证论者。他的"生成"是指事物的产生和发

---

① 《古希腊罗马哲学》生活·读书·新知三联书店1957年版第19—30页。

## 第三章　拉萨尔在欧洲反动年代

展的过程。而黑格尔是唯心主义者,他思辨地、抽象地理解"生成",把"生成"理解为概念的生成、联系和转化,而不是自然界的"生成",物质的"生成"。黑格尔对赫拉克利特的朴素的"生成"的辩证法作了唯心主义的解释。他把赫拉克利特视为万物始基的"火"说成是一种"纯客观的概念",这种概念必然进一步实现它自己;把赫拉克利特所说的永恒的活火说成是永恒的精神。不仅如此,他还把赫拉克利特看作唯心主义思辨哲学的始祖。他认为思辨哲学的开端必须自赫拉克利特开始。"这个开端便是长存的理念,这个理念在所有哲学家中一直到今天还是同一的理念,正如它过去是柏拉图和亚里士多德的理念一样。"

马克思指出:"在黑格尔看来,思维过程,即甚至被他在观念这一名称下转化为独立主体的思维过程,是现实事物的创造主,而现实事物只是思维过程的外部表现。"① 拉萨尔自始至终都是按照这个头足倒置的辩证法来歪曲赫拉克利特的哲学的。

首先,拉萨尔彻底否定了赫拉克利特哲学的唯物主义

---

① 《马克思恩格斯文集》第 5 卷第 22 页。

性质。他仿照黑格尔，把赫拉克利特表明万物生成的始基的"火"说成是一种"最高的、纯粹的观念"，把表明事物的生成、发展和变化的规律的"逻各斯"说成是一种逻辑上的先验范畴，是一种"生成本身的纯粹理念""绝对观念"。他本末倒置，把从万物变化中抽象出的规律变成抽象理念，又把理念说成是万物的泉源，认为这种理念即"生成的逻各斯必然是个别现实的生成的泉源，而绝不是现实的产物"。拉萨尔把赫拉克利特的唯物主义颠倒过来，把世界的物质始原偷换成精神始原，然后又把唯心主义的称呼加到赫拉克利特身上，说什么"正是绝对的生成对**现实**的生成的这种关系使得赫拉克利特的哲学成为一种**唯心**的哲学，使得他的绝对的东西成为理念，使得绝对的东西对现实的东西的关系成为一种唯心的关系"[①]。

所谓唯心的关系无非是说观念和精神是世界的基础，杂多的物质世界是由观念、精神产生的。拉萨尔正是这样歪曲赫拉克利特的。他说："火是生成扬弃自身的最纯粹的表现——是观念上构成一切元素和事物之统一的基础，因此通过火的转化，通过火扬弃自身而进入**现实性**的运动，

---

① 《拉萨尔全集》1920年柏林德文版第8卷第44—45页。

## 第三章　拉萨尔在欧洲反动年代

产生**一切感性的存在**，即产生实在的、互不相同的事物的世界，而这种实在的有差别的事物的多样性又不断被否定地再变化还原为火的概念的统一，正如变为一个本原一样。"① 这是拉萨尔用唯心主义来歪曲赫拉克利特思想的典型例证。这充分说明，在思维对存在的关系这个哲学的最基本的问题上，拉萨尔是自觉地站在唯心主义方面的。

还必须指出，在用唯心主义歪曲赫拉克利特思想方面，拉萨尔甚至比黑格尔走得还要远。黑格尔为了把赫拉克利特变成唯心主义者，把赫拉克利特的"火"说成是精神的东西（灵魂或概念），把"逻各斯"说成是理性，在赫拉克利特那里发现了一个唯心主义的逻辑体系。拉萨尔则不但把赫拉克利特的"火"说成是"纯粹的观念"，把"逻各斯"说成是一种先验范畴，而且竟然在赫拉克利特那里发现了一个完整的神学体系。请看拉萨尔是怎样捏造赫拉克利特的神学体系的。

拉萨尔说，纯粹的生成"这一概念同真实的火即人格化的概念不同，应该作为最高的神和宙斯的标志"。

在赫拉克利特的体系中，"生成，即真正的神，贯穿

---

① 《拉萨尔全集》1920年柏林德文版第7卷第366页。

于一切存在,也贯穿于看来并不运动的东西,因此必须说:'一切都充满着神。'"

"因为生成,或者确切地说,存在和非存在的对立统一,毫无例外地贯穿着整个宇宙,而且它在各种存在的千差万别中是与存在具有共同性的东西;因此也可以说它是普遍的东西,是神的理性规律,这种规律主导并统治一切。"

"既生成,又自我扬弃,——因此可以说,规定性的设置,现实世界的形成,只是神的一种游戏而已。"

对赫拉克利特来说,"一切东西,包括规律和物理的东西,都同样是由神的概念实现的,或者像他自己大胆所说的那样,是由这些概念'哺育'出来的"。

拉萨尔认为,赫拉克利特的"自然哲学同样是对神的生活的一种描述,因为对他来说,思辨的概念就是神"。[①]

我们看到,拉萨尔不但把一个朴素的唯物主义哲学家变成了先验论的唯心主义哲学家,而且把赫拉克利特的基本上是反对神造自然的学说变成了主张神造自然的学说。

大家知道,赫拉克利特在两千多年前科学不发达的

---

[①] 《拉萨尔全集》1920年柏林德文版第7卷第119—120、122—123、133页。

## 第三章　拉萨尔在欧洲反动年代

情况下,没有完全摆脱宗教影响,有时也把逻各斯叫作神,但他的基本思想是反神的。赫拉克利特曾这样说:"人们用为祭神而宰杀的牺牲的血涂在身上来使自己纯洁是徒然的,这正像一个人掉进污泥坑却想用污泥来洗净自己一样。任何人见到别人这样做,都会把他当作疯子看待。他们向神像祷告,这正和向房子说话是一样的。他们并不知道什么是神灵和英雄。"①

这说明,赫拉克利特的思想总的说来是反神的。拉萨尔不是剔除赫拉克利特哲学中的糟粕,发扬其精华,着力阐述他的学说的主要方面即朴素唯物主义思想和辩证法,而是把他的学说中的极次要的方面,即在一些个别问题上的宗教思想普遍化,变成他的体系的核心。这是用黑格尔的思想来解释赫拉克利特的哲学的必然结果。因为"黑格尔哲学是神学的最后的避难所和最后的理性支柱","谁不扬弃黑格尔,谁就不扬弃神学"。②

马克思在看了拉萨尔关于赫拉克利特的著作后说:"看来这个家伙试图通过赫拉克利特来阐明黑格尔的逻辑

---

① 《古希腊罗马哲学》生活·读书·新知三联书店1957年版第19页。
② 《费尔巴哈哲学著作选集》生活·读书·新知三联书店1962年版上卷第114—115页。

学","其实他对黑格尔在《哲学史》中所说的**绝对没有加进一点新的东西**"。①列宁对拉萨尔的这部著作的印象是:"拉萨尔是旧式的黑格尔主义者、唯心主义者","唯心主义者拉萨尔掩盖了赫拉克利特的唯物主义或唯物主义趋向,牵强附会地把他弄成黑格尔的样子"。②这是对拉萨尔这部哲学著作的客观的评价。

上面谈的是拉萨尔同赫拉克利特不一致的地方,分析他如何用自己伪造的唯心主义者赫拉克利特偷换了真实的唯物主义者赫拉克利特。下面谈一下拉萨尔和赫拉克利特一致的地方。

如果说在哲学的根本问题上,赫拉克利特和拉萨尔毫无共同之处:前者把物质因素火看作构成世界的基础,后者则把普遍精神当作世界的生成因素。那么在社会史观方面,两者却具有惊人的一致性。他们都藐视人民群众,夸大英雄的作用。黑格尔曾指出,"高贵的赫拉克利特骂他的人民愚蠢无知。他说,他们有什么理智和深识远见呢?多数人是坏的,少数人是好的"③。赫拉克利特强调和夸大

---

① 《马克思恩格斯文集》第 10 卷第 145—146 页。
② 《列宁全集》第 38 卷第 397、401 页。
③ 黑格尔《哲学史讲演录》第 1 卷第 296 页。

## 第三章　拉萨尔在欧洲反动年代

理性的认识作用,把优秀人物和人民群众对立起来,认为"一个人如果是最优秀的人,在我看来就抵得上一万人"①。拉萨尔的英雄史观完全可以同赫拉克利特相媲美。60年代初,当德国工人没有积极响应拉萨尔的号召加入他建立的联合会的时候,他就用同样的语言咒骂人民,认为人民是愚蠢的。拉萨尔认为历史是由天才人物创造的,德国的历史每一代都是由天才人物推动前进的。他主张,一个伟大人物,只有当他在世的时候就能实现自己的理想,才称得上"伟大"。他首先把自己算作这样的人物。

在对荣誉问题的看法上,具有贵族气息的拉萨尔同被放逐的贵族赫拉克利特也是息息相通的。

赫拉克利特的残简中有一条这样说:"最优秀的人选择代替一切的一件东西就是世人的永恒的荣誉。"②拉萨尔发挥赫拉克利特的观点,说明追求荣誉是伟大人物的本性。他用唯心主义思辨哲学语言解释说,荣誉是人们在他们的非存在中的存在,是在感性存在本身的死亡中的延续,因此它是人们的已经达到的和已变成现实的无

---

① 《古希腊罗马哲学》生活·读书·新知三联书店1957年版第23页。
② 《拉萨尔全集》1920年柏林德文版第8卷第646页。参看《古希腊罗马哲学》中文版第21页赫拉克利特著作残篇D29。

限性,是一种人的直接存在之外的一种现实。个人只有在"永恒的荣誉"中才能达到存在和非存在的统一。"这就足以说明,为什么荣誉自古以来就这样有力地附着在伟大人物的身上,并使他们凌驾于一切细小的有限的目的之上,这也足以说明,为什么一个具有希腊精神的天才诗人(普拉顿)在谈到荣誉时唱道:要把荣誉搞到手,'只有同试探的魔鬼手携着手'。"① 拉萨尔认为,赫拉克利特把荣誉当作人所追求的最高目的,当作世人的最高的奖赏。

看起来拉萨尔在这里是阐发赫拉克利特的伦理观点,实际上他是在论证他自己的人生哲学。拉萨尔本人是酷爱荣誉的。他把个人的成就、名望看得高于一切。他的一切政治活动和学术研究都是为了追求荣誉,追求永恒的存在和流芳百世。马克思谈到拉萨尔写《赫拉克利特的哲学》一书时就曾指出:"这个家伙拼命追求荣誉,无缘无故写了七十五印张论述希腊哲学,他这种可笑的虚荣心会使你发笑。"② 后来,拉萨尔在谈到自己殚思极虑进行写作的时候说:"也许我像贺雷西一样,有权利说:'我奋力战斗不是

---

① 《拉萨尔全集》1920年柏林德文版第8卷第648页。
② 《马克思恩格斯全集》第29卷第127—128页。

## 第三章　拉萨尔在欧洲反动年代

没有荣誉的。'"可见，拉萨尔引用的诗人普拉顿的话"只有同试探的魔鬼手携着手，荣誉才能到手"，实际上是他一生处世的座右铭。因此，拉萨尔对赫拉克利特荣誉观的阐述实际上给我们刻画了他的个人英雄主义的心理状态。这种个人英雄主义正是他后来同魔鬼俾斯麦勾结的思想根源之一。

《赫拉克利特的哲学》一书使得拉萨尔蜚声于德国学术界。正如马克思所指出的："老年黑格尔派和语文学家们发现在一个享有伟大革命家声誉的青年人身上居然有这样古老的气质，实际上一定是感到高兴的。此外，他向各个方面阿谀奉承和卑躬屈膝，以期博得好评。"[①] 该书出版后不久，拉萨尔就被接收入柏林哲学学会，拉萨尔追求学术荣誉的渴望得到了满足。

但是，拉萨尔是一个急于用世、不甘寂寞的人，他是不满足于把自己关在四壁之内埋没于故纸堆中的。他要积极干预政治，以便最终跃身政界，实践他的天才人物创造历史的理论。

---

① 《马克思恩格斯文集》第 10 卷第 147 页。

# 第四章

# 拉萨尔在欧洲民主运动高涨时期

## 第四章　拉萨尔在欧洲民主运动高涨时期

### 一、哲学上的唯心主义转化为政治上的机会主义

19世纪50年代末，长达十年之久的欧洲反动时期行将过去。欧洲各国的民族民主运动又重新高涨起来。1848年革命所没有解决的德国统一问题又重新提上了历史的日程。

各个社会阶级都非常关心这个问题。围绕着这个问题，学界、政界和军界的人士展开了激烈的争论。拉萨尔也以各种不同的形式，就这些问题发表意见。

以前，当拉萨尔的《爱非斯的晦涩哲人赫拉克利特的哲学》出版后，马克思对拉萨尔的唯心主义观点很不满意，并批评拉萨尔没有对黑格尔的唯心主义辩证法采取批判态度。但是，这终究是涉及古代哲学的问题，同现实的阶级斗争比较远一些。马克思没有在这些抽象思维问题上同拉萨尔纠缠。此外，由于拉萨尔当时同杜塞尔多夫的共产主义者发生争吵，所以他不惜任何代价地争取和马克思恩格斯站在一起。因此，马克思甚至还向恩格斯表示，只

要巧妙地对付拉萨尔,"这个人是完全可以属于我们的"①。

然而,事情的发展完全违背了马克思的愿望。当拉萨尔参加革命的时候,他的旧世界观已经基本定型,已经难于接受马克思创立的新世界观了。但是,他在实际革命活动中还是尽量向马克思靠拢,而且由于他积极肯干,马克思原谅了他的一些缺点,对他在古代哲学研究上的唯心主义观点也没有公开批判。可是,在50年代末新的革命形势重新来临的情况下,当拉萨尔用他的唯心主义世界观来分析当前政治、军事、外交问题的时候,他的哲学上的唯心主义就转化为政治上的机会主义。再加上,打赢了官司又写了哲学巨著,他便飘飘然起来,自以为是世界上的了不起的人物,可以独步当代,用自己的见解去影响历史事件的发展,独立地指导民族民主运动的实践,而无须再向马克思和恩格斯请教了。这样一来,他在当前重大政治事件的看法上便处处同马克思的观点相冲突。于是,拉萨尔和马克思的矛盾逐渐激化起来。从1859至1862年,拉萨尔和马克思就进行了四次争论。这些争论充分反映了马克思的无产阶级革命思想同拉萨尔的机会主义思想的激烈斗争。

---

① 《马克思恩格斯全集》第29卷第388页。

第四章　拉萨尔在欧洲民主运动高涨时期

## 二、关于农民战争问题的争论

第一次争论是围绕着拉萨尔的剧本《弗兰茨·冯·济金根》展开的，实质上是关于对农民战争看法的争论。

1859年初，哲学家拉萨尔破门而出，写了一部历史剧《弗兰茨·冯·济金根》。剧本写的是16世纪反对封建割据的德国农民战争。从艺术上看，剧本无优点可言，它是概念化、标语口号化文学作品的样板。在整个剧本中，拉萨尔都是强迫剧中人物说出自己的政治观点，进行道德说教。拉萨尔要通过这个历史剧对1848年后的一系列重大政治问题提出自己的答案。拉萨尔自己说，当他写《济金根》的时候，有一种联想常常使他从思想世界转到当前迫切的问题上，"转到那些表面上看来很平静而实际上在我心中一直沸腾着的巨大时事问题上"[①]。拉萨尔明确地说："我还利用它顺便概括地表明了我同我当地的朋友们关于政治形势和我们对于它的态度的争论。"[②] 所以，这个剧本实际上是一部政论作品。

1848年革命失败后，马克思和恩格斯在一系列著作

---

[①] 《马克思恩格斯论艺术》人民文学出版社1960年版第1卷第16页。
[②] 《马克思恩格斯论艺术》人民文学出版社1960年版第1卷第18—19页。

中对革命失败的经验教训及时进行了科学的总结。马克思恩格斯认为，1848年革命之所以失败，一个很重要的原因是资产阶级向封建反动势力妥协投降，出卖人民，特别是出卖农民。拉萨尔则在剧本中歌颂16世纪没落贵族济金根领导的骑士阶级反对封建诸侯的运动，把实际上是容克地主阶级先驱者的济金根吹捧为民族统一思想的拥护者和反对分裂争取德国统一的英雄。拉萨尔作为一个天才论者，他始终相信，英雄的脑袋是胜过他所谓的"粗鲁"的和"头脑不发达"的群众的。他大声疾呼，要"承认革命领袖的最高现实主义聪明头脑的胜利"[①]。拉萨尔认为济金根之所以失败，并不是由于他代表了没落阶级的利益，而是由于济金根的"智力的过失"和外交手腕的错误。这样，拉萨尔便把一场阶级对阶级的战争的成败问题归结为英雄的脑袋灵不灵的问题。拉萨尔就这样通过济金根反对诸侯运动的失败来说明德国三月革命失败的原因，为德国资产阶级叛卖革命开脱罪责。

马克思恩格斯认为16世纪德国反封建运动的主力军是农民和城市贫民，拉萨尔则认为当时反封建运动只是

---

① 《马克思恩格斯论艺术》人民文学出版社1960年版第1卷第20页。

## 第四章　拉萨尔在欧洲民主运动高涨时期

骑士阶级的事情。在对农民运动的评价问题上，马克思、恩格斯同拉萨尔的观点之所以这样截然不同，是由于他们对农民运动的社会历史意义，对19世纪50年代和60年代德国的整个政治形势，特别是对统一德国的道路问题的不同看法造成的。

马克思、恩格斯认为农民是无产阶级的"天然同盟者"。他们根据法德两国1848年革命的经验指出，无产阶级革命如果不把农民争取过来，"德国的全部问题将取决于是否有可能由某种再版的农民战争来支持无产阶级革命。如果那样就太好了"①。在50年代末的德国政治形势下，马克思、恩格斯认为存在着自下而上在无产阶级的领导下以革命的方式统一德国的可能性，他们坚决为革命地统一德国而斗争。

拉萨尔在这些重大政治问题上完全同马克思恩格斯唱反调。他攻击农民运动，诬蔑"农民运动的性质是非革命的，甚至是彻头彻尾、地地道道的反动的"，咒骂农民战争和"历史上的贵族党派"一样是反动的。②拉萨尔的"反动的一帮"的思想这时已经露头。

---

① 《马克思恩格斯文集》第10卷第131页。
② 《马克思恩格斯论艺术》人民文学出版社1960年版第1卷第66页。

拉萨尔把农民当反动派看待，这就否认了工农联盟的必要性和可能性，而认为农民和"贵族的同盟还是十分可能的"。这样，拉萨尔就完全抹杀了无产阶级的同盟军农民在争取革命地统一德国的斗争中的作用，而把统一德国的希望完全寄托在明智的国王身上。他像其他普鲁士庸俗民主主义者一样，虔诚地希望有一个"可爱的国王、好心的皇帝"，幻想不经过革命而用和平的方式把封建专制君主国改变成资产阶级君主国。所以，他通过济金根之口，吹捧查理国王手上"掌握着全世界的命运，德意志民族的命运"，要把查理国王塑造成民族的救星、帝国的缔造人，希望国王"反对诸侯造成的野蛮的无政府状况，有力地保障国家的统一……为了像救世主那样有力地使世界返老还童，把国家的命运转入伟大的新轨道！"① 这实际上是拉萨尔的普鲁士庸俗民主主义思想在新形势下的表露。它说明，拉萨尔确实是通过写剧本来宣传他的政治主张：同国王结成联盟，在普鲁士王朝的领导下统一德国。正是在这种思想的引导下，拉萨尔后来一步步走上同俾斯麦勾结，支持普鲁士王朝的内外政策出卖工人运动的道路。

---

① 拉萨尔《弗兰茨·冯·济金根》人民文学出版社1976年版第70—72页。

## 第四章　拉萨尔在欧洲民主运动高涨时期

马克思恩格斯看到拉萨尔的剧本后,立即严肃指出,拉萨尔"没有充分表现出农民运动在当时已经达到的高潮",谴责拉萨尔没有把农民和城市革命分子的代表当作十分重要的积极背景,而是集中全部注意力去刻画怀念旧日帝国的贵族代表,而这些代表"自以为是革命者",他们"一方面使自己变成当代思想的传播者,另一方面又在实际上代表着反动阶级的利益",而革命中的这些贵族代表,"在他们的统一和自由的口号后面一直还隐藏着旧日的帝国和强权的梦想"[①]。马克思向拉萨尔指出,他像他描写的弗兰茨·冯·济金根一样,犯了把路德式的骑士反对派看得高于闵采尔式的平民反对派这样一种外交错误。这样,马克思便一针见血而又巧妙地指出,拉萨尔实际上是革命队伍中的"贵族"式的人物,他打着革命的旗号,"自以为是革命者",又怀着旧日帝国的强权美梦,代表着反动阶级的利益。拉萨尔以后的发展完全证实了马克思的敏锐的判断。后来,60年代初,马克思了解到拉萨尔勾结俾斯麦,背叛工人运动的时候,再次指出,拉萨尔"难道不是他自己的那个想强迫查理五世'站在运动的首位'的

---

① 《马克思恩格斯选集》第4卷第340页。

济金根吗?"①

马克思恩格斯的批评击中了拉萨尔的要害。他非常恼火,拒不接受马恩的正确批评,顽固坚持自己的错误观点。根据拉萨尔在这个剧本问题上的表现,马克思恩格斯当时就得出必须同拉萨尔决裂的结论。恩格斯当时就对马克思说:"对这个家伙没有什么可指望的,这我们当然知道,不过难于找出充分的理由来直接同他决裂。"②这说明,马克思恩格斯同拉萨尔的决裂只是时间问题而已。

### 三、关于意大利战争问题的争论

马克思恩格斯同拉萨尔的第二次争论是围绕着对待意大利战争的态度问题进行的。

1859年爆发的意大利战争,是拿破仑三世在沙俄支持下发动的以法意为一方和以奥地利为另一方的王朝战争。

1847年开始的世界经济危机推动了欧洲的政治活跃。民主运动重新高涨起来。与此同时,拿破仑三世统治下的法国内外交困。他企图在战争中寻找出路,想用侵略战争

---

① 《马克思恩格斯全集》第31卷第45页。
② 《马克思恩格斯全集》第29卷第129页。

## 第四章　拉萨尔在欧洲民主运动高涨时期

来巩固国内的反动统治。他妄图用发动对奥战争来防止革命，阻挠德国的统一，扼杀意大利人民解放的意向。可是，波拿巴发动战争时却打着使意大利摆脱奥地利的压迫和帮助意大利人民"解放"的招牌。马克思揭露说："**波拿巴式地**解放意大利只是一种借口，目的是要奴役法国，使意大利屈服于政变制度，把法国的'自然疆界'向德国方面扩张，把奥地利变成俄国的工具以及把各国人民卷进正统反革命同非正统反革命的战争中去。"①

马克思坚决支持意大利人民要求解放的革命斗争，希望意大利人民的斗争将会唤醒其他各国人民起来革命，希望"意大利革命的胜利将成为一切被压迫民族为了从他们的压迫者的奴役下解放出来而展开共同斗争的信号"②。但是，马克思坚决主张，必须戳穿波拿巴的虚伪的"意大利解放者"的反动面貌和他发动的奥意法战争的反动性，揭露波拿巴对意大利民族解放运动所策划的反革命阴谋和他想称霸欧洲的野心。早在战争爆发前，马克思在给拉萨尔的信中就指出："在最初，它将在法国保持波拿巴主义，在英国和俄国削弱国内的运动，在德国重新唤起极端狭隘的

---

① 《马克思恩格斯全集》第 14 卷第 506 页。
② 《马克思恩格斯全集》第 13 卷第 184 页。

民族热情,等等。因此,据我看来,它在各方面起初都将起反革命的作用。"①

马克思认为这次战争同德国革命直接有关。当时正是解决德国问题的关键时刻,而民主阵营中对这次战争的看法又非常混乱,因此有必要同恩格斯一起共同发表一个宣言来阐明无产阶级政党的态度。这个宣言虽然没有发表,但是恩格斯在马克思的赞助下写了《波河与莱茵河》一书,阐述了德国无产阶级对这次战争应持的立场。恩格斯对当时的国际形势进行了全面的分析,从无产阶级国际主义立场出发,论证了关于意大利统一和德国统一的革命民主主义道路的思想。恩格斯认为,波拿巴法国和支持它的沙皇俄国是欧洲反动势力的支柱,是欧洲民主革命运动的主要障碍,波拿巴在意大利发动战争实际上是为了进攻德国。因此,马克思恩格斯坚决主张普鲁士参战,同奥地利一起打击拿破仑三世和他的支持者沙皇俄国,使法国在战争中失败。这将不仅使意大利和法国人民的革命力量得到发展,还会使德国人民的革命力量得到发展。马克思恩格斯希望,反对与沙俄联盟的波拿巴法国的战争会在德国引

---

① 《马克思恩格斯全集》第 29 卷第 558 页。

## 第四章　拉萨尔在欧洲民主运动高涨时期

起广泛的人民革命运动，最终把普鲁士王朝一起埋葬。恩格斯在给拉萨尔的一封信中这样解释这种革命策略："世界局势似乎要向一个十分令人喜悦的方向发展。未必能够设想，还有什么比法俄同盟能为彻底的德国革命提供更好的基础。我们德国人只有水淹到脖子时，才会全部发起条顿狂来；这一次淹死的危险似乎十分逼近了。这倒更好些，在这样一个危机中，一切现存的势力都必然要灭亡，一切政党都必然要一个跟一个地覆灭……在这样一个斗争中，必然出现一个时刻，那时只有最不顾一切的、最坚决的党才能拯救民族，同时必然会出现一些条件，只是在那些条件下，才有可能彻底清除一切旧的垃圾，即内部分裂以及波兰和意大利附属于奥地利的情况。"①

反对波拿巴主义的斗争是意大利和德国人民的共同事业。马克思认为，在意大利冲突中，德意志同盟各邦应当参加反对波拿巴法国的战争。但这绝不意味着维护奥地利对意大利的压迫。德国人民维护自己民族利益的战争，不但不是意大利解放的障碍，而且应当成为促进意大利解放的因素。马克思写道："德国人民要坚决站在意大利方面

---

① 《马克思恩格斯全集》第 29 卷第 586—587 页。

来反对奥地利，同时又不能不站在奥地利方面来反对波拿巴。"① 马克思的革命战略在于使战争的性质发生变化。马克思预料，战争的进程将把"正统的"（即奥地利的）和"非正统的"（即波拿巴法国的）反革命战争，即从双方来说都是王朝的和掠夺的非正义战争，变成意大利人民和德意志人民争取民族解放和统一的革命战争。这种战争将给欧洲一切反革命势力以沉重打击，促进欧洲其他被压迫民族的独立。这种战争也会使法国人民摆脱拿破仑三世的压迫，从而也将受到法国人民的欢迎。

拉萨尔反对马克思恩格斯在意大利战争问题上的革命策略。他一方面极力阻挠恩格斯的著作《波河与莱茵河》的出版，另一方面抢先出版他自己的机会主义著作《意大利战争和普鲁士的任务》，同马克思恩格斯的革命路线相对抗。

拉萨尔从维护普鲁士王朝利益的立场出发，支持波拿巴法国的侵略政策，鼓吹使奥地利在战争中失败，以利于普鲁士王朝自上而下地统一德国，同时他向意大利人民大肆散布对拿破仑三世的所谓"援助"的幻想，似乎拿破仑

---

① 《马克思恩格斯全集》第13卷第314页。

## 第四章　拉萨尔在欧洲民主运动高涨时期

三世真的想帮助意大利人民反对奥地利的压迫。

同马克思恩格斯所主张的德国各邦参战来反对拿破仑三世的观点相反，拉萨尔认为反对拿破仑三世将是"反动原则"的胜利，反对第二帝国就是反对法国人民。因此，这种反法战争不仅对于欧洲的文明，对于一切民族的和革命的利益都是极大的危险。他声称：拿破仑三世在意大利的政策是进步的事业；不管法国皇帝是个什么样的专制独裁的暴君，在客观上他是按民主精神行动的，是维护劳动人民的利益的，对外则捍卫包括意大利在内的民族独立的原则。他极力替拿破仑三世辩护，说什么拿破仑三世不仅没有侵略扩张的野心，而且拿破仑三世发动奥意法战争毕竟是"法国把意大利的事业，也就是把一桩伟大而正义的、文明而高度民主的、与各国人民休戚相关的事业承担过来了！"[①]

拉萨尔表面上把自己打扮成被压迫民族解放的拥护者，实际上他对被压迫民族的解放采取大国沙文主义的敌视态度。他公然主张大国、强国征服小国、弱国是一种"权利"。拉萨尔认为，只有足够文明的民族，才有独立

---

[①]《拉萨尔全集》1919年柏林德文版第1卷第43页。

的权利,并为英国侵略印度、法国侵略阿尔及利亚辩护。他幻想未来的德意志帝国将是一个具有大量殖民地的大帝国。

拉萨尔主张,普鲁士应当利用奥地利法兰西意大利的战争来实现在自己霸权下统一德国的计划。从这种立场出发,拉萨尔极力主张普鲁士"作为领导和保护德国的力量",应当在拿破仑三世对奥战争中保持中立,以便坐收渔利。他说:"现在,当奥地利的瓦解已在自动完成的时候,也就到了关心提高普鲁士德国的威望的时候了。"处处维护普鲁士王朝的利益,这就是拉萨尔在意大利战争问题上的立场的实质。

拉萨尔的这种反动立场的前提是拿破仑三世不会侵犯德国。同马克思恩格斯的分析相反,拉萨尔把拿破仑三世看作德国的恩人,说什么"拿破仑实质上在完成德国的任务,他正通过瓦解奥地利来排除在实现德国统一方面的困难"[1]。拉萨尔把革命人民的凶恶敌人拿破仑三世看作恩人和盟友,把侵略者看成保护者,并对拿破仑三世感恩戴德。因此,他不仅不会像马克思要求的那样,去揭露拿破

---

[1] 《拉萨尔全集》1919年柏林德文版第1卷第63页。

## 第四章　拉萨尔在欧洲民主运动高涨时期

仑三世的侵略政策，相反地他建议普鲁士也仿效拿破仑三世，打着虚伪的爱国主义和民族解放的旗号，对外进行侵略扩张。拉萨尔公然主张："如果波拿巴在南面按照民族原则修改欧洲版图。那好，我们就在北面修改它。如果波拿巴解放意大利，那好，我们就把什列斯维希－霍尔施坦拿过来！"①他认为，如果普鲁士迟疑不决，不敢派兵去攻打丹麦，以夺取什列斯维希－霍尔施坦，那就证明："德国君主政体再也无能力做出什么民族的行动了"。拉萨尔号召德国民主派打起"普鲁士的旗帜"，支持普鲁士王朝的反动对外政策。由此可见，拉萨尔以民主派代表的面貌出现，实际上维护的是法国波拿巴王朝和普鲁士霍亨索伦王朝的利益。因此，恩格斯尖锐地指出，拉萨尔"这家伙本身已经一半是个波拿巴主义者"。事隔多年之后恩格斯又一次明确指出，拉萨尔是一个"具有强烈波拿巴主义倾向的、典型普鲁士式的庸俗民主主义者"。

甚至拉萨尔的表弟弗里德兰德也谴责拉萨尔在意大利战争问题上的立场。他批评拉萨尔说："人们要求这样一些思辨家拿出民族气节来：这些人把拿破仑三世看作历史

---

① 《拉萨尔全集》1919年柏林德文版第1卷第107页。

的惩治铁腕,而且在他的所谓解放各族人民的天才中满意地发现了他们自己的分辨范畴的理性是笨拙、迂腐和无能的。"

拉萨尔把他为波拿巴主义效劳的小册子《意大利战争和普鲁士的任务》说成是表达了民主派的呼声,"公开树起了革命政党的旗帜"。拉萨尔的倒行逆施引起了马克思恩格斯的极大义愤。马克思指出,拉萨尔的关于意大利战争的著作是一个"莫大的错误"。他表示,如果拉萨尔硬要以党的名义讲话,就要公开谴责他。1859年6月10日,马克思写信谴责拉萨尔,指出他所宣扬的"绝不是我的观点。也不是在英国的我的党内朋友的观点。不过,我们可能在报刊上发表我们的观点"[1]。不久后,马克思再次写信谴责拉萨尔在意大利战争问题上是"支持自由派市侩们的这种令人恶心的反革命幻想"[2]。

拉萨尔对马克思恩格斯的正确批评置若罔闻,并顽固坚持自己的错误观点,认为自己一贯正确,还妄图迫使马克思放弃自己的正确意见,而接受他的观点路线。同

---

[1]《马克思恩格斯全集》第29卷第590页。
[2]《马克思恩格斯全集》第29卷第615页。

时，拉萨尔又玩弄两面派手法，苦苦哀求马克思不要公开批判他，说什么"在把事情公开和声张出去之前，请考虑一下这一切。况且我们之间的分歧和分裂对于我们这个本来就不大并且具有特别性质的党来说，将是值得惋惜的事情"[1]。为了给拉萨尔一个反省的机会，马克思暂时没有公开批判，只是在《福格特先生》一书中不点名地批评了他。

## 四、关于福格特问题的争论

在意大利战争问题上同拉萨尔争论的同时，马克思恩格斯还在保卫无产阶级政党的荣誉问题上同拉萨尔进行了激烈的斗争。这就是关于福格特事件的争论。

马克思恩格斯在统一德国道路问题上的鲜明无产阶级立场引起了民主统一德国的一切敌人的疯狂攻击。马克思说："在任何地点都有统治阶级的告密者们以同样无耻的方式对捍卫被压迫阶级利益的先进文学战士和政治战士造谣中伤。"[2] 在这场诽谤运动中，最恶劣的是德国庸俗民主

---

[1] 《拉萨尔遗书遗文集》1922年斯图加特－柏林德文版第3卷第221页。

[2] 《马克思恩格斯全集》第19卷第125页。

主义者福格特。福格特是拿破仑三世的雇佣走狗。早在意大利战争之前,福格特就写书替拿破仑三世的侵略政策辩护,鼓吹拿破仑三世的政策有利于德国在普鲁士领导下的统一。因此,马克思认为有必要揭露福格特的反动面貌,使他不足危害德国的革命事业。

福格特对马克思的揭露进行疯狂反扑,恶毒攻击和诬蔑马克思领导的德国无产阶级运动以及具有光荣革命历史的共产主义者同盟。福格特的攻击受到德国资产阶级的狂热欢迎。德国反动报刊对福格特的攻击如获至宝,到处宣扬。马克思认为福格特的攻击不仅仅是有关他个人的事情,更是涉及无产阶级政党的荣誉和性质的大问题。马克思说:"福格特对我的攻击……应该说是资产阶级庸俗民主派以及俄国—波拿巴主义恶棍对全党的坚决打击。因此也应该给以坚决的回击。"[1] 马克思认为揭露福格特"对于党**在历史上的声誉**和它在德国的未来地位具有决定性意义"[2]。

拉萨尔在福格特事件上扮演了极其卑鄙的角色。他玩弄两面派手法,私下表示他是支持马克思恩格斯的,在公

---

[1] 《马克思恩格斯全集》第 30 卷第 23 页。
[2] 《马克思恩格斯全集》第 30 卷第 449 页。

## 第四章　拉萨尔在欧洲民主运动高涨时期

众面前则同福格特站在一起。他以福格特在公众中享有威信为理由,公然阻碍马克思揭露福格特,替福格特辩护。他编造谎言,说马克思揭露福格特,使"福格特的声誉毫无根据和毫无理由地受到了严重损害。他受到了不公正的对待,所以如果他对别人也不公正,那是可以理解的"[①]。拉萨尔不但认为福格特对马克思的攻击是"可以理解的",而且认为福格特为攻击马克思而写的反动文章中有"许多真理",福格特攻击马克思是出于"自卫"。[②] 他狂妄地要求马克思宣布福格特不是被拿破仑三世收买的特务,并劝告马克思在报上公开发表声明,向福格特道歉和承认错误。

拉萨尔的这种立场绝不是偶然的。他和福格特都是普鲁士庸俗民主主义者。庸俗民主主义思想必然使他们走到一起。在统一德国的道路问题和意大利战争问题上,拉萨尔和福格特的立场完全一致。拉萨尔的《意大利战争和普鲁士的任务》一书同福格特的著作《欧洲现状研究》,是异曲而同工,都是为拿破仑三世唱赞歌的。正如马克思所指出的,拉萨尔"实际上是同福格特一个鼻孔

---

[①] 《拉萨尔致马克思恩格斯书信集》1905年圣彼得堡俄文版第220页。
[②] 《拉萨尔致马克思恩格斯书信集》1905年圣彼得堡俄文版第243页。

出气",阻挠揭露福格特实际上是拉萨尔同福格特搞的"一个密谋"。①

拉萨尔的反动立场激起了马克思的极大愤慨。马克思给拉萨尔写信,直接谴责了他的反动立场,指出他是完全受福格特的思想支配的,是蓄意包庇福格特,因为根据福格特的著作和拉萨尔自己了解的事实,就完全可以断定福格特是拿破仑三世所收买的特务。马克思表示,他将不顾拉萨尔所谓的公众的舆论而坚决揭露和反击福格特。

拉萨尔读了马克思的批评信后,起初暴跳如雷,向马克思提出抗议。他断然表示,马克思认为他受福格特思想支配,他"绝对不能接受",为了他"头脑和心灵的声誉",他"要全力以赴地加以痛击"。②可是,当马克思在《福格特先生》一书中以铁的事实证明了福格特是拿破仑三世收买的走狗以后,拉萨尔在事实面前无言以对,就转而玩弄两面派手法,假惺惺地向马克思表示承认错误,说什么"我必须向你承认,我现在认为你关于福格特被波拿

---

① 《马克思恩格斯全集》第 29 卷第 494 页;《马克思恩格斯全集》第 30 卷第 11 页。

② 《拉萨尔致马克思恩格斯书信集》1905 年圣彼得堡俄文版第 233 页。

## 第四章　拉萨尔在欧洲民主运动高涨时期

巴收买的信念是完全公正和正当的"①，并厚着脸皮说，他早在1859年就怀疑福格特拿波拿巴的钱。

根据拉萨尔在福格特事件上的立场和态度，马克思得出结论：拉萨尔"多么卑鄙"，"现在对拉萨尔我是已经看透了"。②

从1859年马克思恩格斯同拉萨尔这几次争论已经可以清楚地看出，拉萨尔的言行完全反映了普鲁士资产阶级的利益。正如马克思所指出的，1859年这一年，拉萨尔"完全属于普鲁士自由资产阶级政党"③。

从50年代中期以来，拉萨尔在哲学、政治、军事、农民运动、文艺等一系列重大问题上发表了许多危害无产阶级革命利益的错误观点，马克思恩格斯从团结的愿望出发，对他进行了非常耐心地批评和帮助。但是，拉萨尔一点也听不进去。在福格特事件上他虽然表示承认错误，实际上也是口是心非，为了摆脱窘境不得已而为之。

---

① 《拉萨尔致马克思恩格斯书信集》1905年圣彼得堡俄文版第318页。
② 《马克思恩格斯全集》第30卷第34页。
③ 《马克思恩格斯全集》第30卷第353页。

## 五、关于反沙俄统一战线问题的争论

1860年,拉萨尔又同马克思进行了一次争论。这次争论是围绕着反俄统一战线问题进行的。

马克思和恩格斯对欧洲阶级斗争的历史和现状进行了深入的研究,特别是对沙俄一贯进行侵略扩张和镇压各国革命运动的反动行径进行了剖析,并对沙俄的外交阴谋的历史进行了多年的探讨之后,得出结论:沙俄无疑是一个有侵略野心的国家,沙俄是欧洲各国人民的共同敌人。[①]后来恩格斯更尖锐地指出:"西欧的任何革命,只要在近旁还存在着现代化俄罗斯国家,就不能获得彻底胜利。"[②]

马克思恩格斯考虑到国际工人运动、革命民主主义运动和民族解放运动进一步发展的前途,从国际无产阶级的整体利益出发,认为欧洲无产阶级和被压迫民族要获得解放,就必须推翻欧洲反动势力的主要堡垒沙俄帝国。这是马克思恩格斯为当时欧洲各国人民指出的战略目标。

马克思恩格斯始终把欧洲无产阶级、人民大众和被压迫民族看作实现这一战略目标的主要力量。另一方面,马

---

① 参见《马克思恩格斯全集》第30卷第663页。
② 《马克思恩格斯全集》第18卷第642页。

## 第四章　拉萨尔在欧洲民主运动高涨时期

克思恩格斯认为，要实现推翻沙皇制度解放欧洲被压迫民族这一战略目标，还必须联合一切反沙俄力量，结成广泛的统一战线。他们主张"持不同观点的各派人士是能够在彼此不作任何让步的情况下共同反对外部敌人的"[1]。这是马克思恩格斯为当时欧洲无产阶级革命运动和民族解放运动制定的正确的策略原则。

根据这个策略原则，马克思和英国保守派政论家乌尔卡尔特及其在德国的拥护者费舍建立了联系。

马克思对乌尔卡尔特的底细非常清楚，他是个贵族后裔，崇奉英国的王权，迷信土耳其的封建制度，他对资本主义文明的各种祸害不满，并妄图恢复英国中世纪古老的盎格鲁－撒克逊时期的法制。所以，马克思称乌尔卡尔特"是一位目光注视着过去，对古老英国抱着古玩家赞美心情的预言家"[2]，是一个"空想主义反动分子"[3]、"浪漫的反动派"[4]。

但是，在对外政策方面，乌尔卡尔特完全起着另一

---

[1] 参见《马克思恩格斯全集》第 30 卷第 533 页。
[2] 《马克思恩格斯全集》第 11 卷第 302 页。
[3] 《马克思恩格斯全集》第 10 卷第 386 页。
[4] 《马克思恩格斯全集》第 28 卷第 615 页。

种作用。在几十年中,他一贯抨击英国外交大臣和首相帕麦斯顿的亲俄外交政策,反对沙俄伙同其他帝国瓜分欧洲,特别是反对瓜分土耳其。他在自己出版的《公文集》和《自由新闻》上不断公布秘密外交文件和发表文章,揭露沙俄的侵略扩张和妄图称霸世界的野心。恩格斯直到1889年还指出:乌尔卡尔特出版的《公文集》"至今仍是关于沙皇政府力图使西欧各国彼此发生争吵,从而使它们全都服从自己的统治的那些阴谋的历史的主要资料之一,至少是最可靠的资料"[1]。

乌尔卡尔特派的活动不限于英国,它在欧洲大陆也有自己的代表。德国新闻工作者、资产阶级民主主义者费舍就是一个著名的乌尔卡尔特分子。费舍坚持乌尔卡尔特派的观点,反对波拿巴主义,反对拿破仑三世在沙俄支持下发动的妄图肢解意大利的奥意法战争,坚决维护德意志的民族独立。

乌尔卡尔特派反对沙俄阴谋,揭露沙俄称霸世界的野心,对遏制沙皇的侵略扩张,打击沙皇的反动气焰,在当时起了积极作用。正因为如此,马克思说:"乌尔卡尔特是

---

[1] 《马克思恩格斯全集》第22卷,第41页。

## 第四章　拉萨尔在欧洲民主运动高涨时期

俄国所害怕的一种**力量**。"①

马克思恩格斯在对内政策上的观点同乌尔卡尔特派截然对立，并且揭露和批判他们为资产阶级贵族统治辩护的反动观点。但是，在对外政策方面，马克思恩格斯认为在反对沙俄侵略扩张问题上可以同乌尔卡尔特派搞统一战线。

马克思恩格斯对乌尔卡尔特派的态度，是把革命的原则性和策略的灵活性巧妙地结合起来的典范。但是，这种正确的国际阶级斗争的策略，却遭到拉萨尔的激烈反对。

拉萨尔自称是马克思的"学生"，声称他是站在《共产党宣言》的立场上的。其实，他对《共产党宣言》的策略思想一窍不通。他作为一个反动的民族主义者，总是站在维护普鲁士地主阶级、资产阶级利益的立场上来看待国际政治关系。他认为欧洲被压迫民族的敌人不是沙俄以及与沙俄结成反革命同盟的拿破仑三世，而是日趋没落的奥地利帝国。他拥护拿破仑三世在沙俄支持下发动的对奥战争，想借拿破仑三世的手摧毁奥地利，以便在普鲁士的领导下统一德国。从这种反动立场出发，拉萨尔极力反对马

---

① 《马克思恩格斯全集》第30卷第547页。

克思恩格斯同乌尔卡尔特派交往。1860年5月24日,拉萨尔给马克思写信,狂妄地指责马克思,攻击马克思同乌尔卡尔特派交往有损自己的"声誉",并大发谬论,胡说乌尔卡尔特分子费舍反对拿破仑三世就是仇视法国的革命本质,仇视拿破仑三世身上的"革命因素"。他认为费舍写反俄文章,就证明费舍是个"公开的反革命分子,极端仇视一切革命的东西",因而是"最愚蠢、最无能和最无头脑,而首先是最反动的家伙"。[①]不难看出,拉萨尔以极"左"的面貌出现,维护沙皇和拿破仑三世的反革命利益。

马克思在接到拉萨尔的指责信后,就如何驳斥拉萨尔的错误观点问题,同恩格斯交换了意见,并于1860年5月31日回信批驳拉萨尔的种种谬论。马克思恩格斯在批驳拉萨尔机会主义观点时,运用唯物辩证法阐述了马克思主义关于国际统一战线的原则,其要点如下:

(一)联合各党派和各阶层人士,结成广泛的统一战线,反对欧洲反动势力的总后台沙俄及其帮凶帕麦斯顿和波拿巴。

---

[①]《拉萨尔致马克思恩格斯书信集》1905年圣彼得堡俄文版第268—269页。

### 第四章　拉萨尔在欧洲民主运动高涨时期

马克思恩格斯说，他们同乌尔卡尔特派一起对俄国、帕麦斯顿和波拿巴进行战争，参加的有包括君士坦丁堡在内的欧洲所有首都的所有党派和阶层的人士，费舍也是其中之一。在这方面可以利用一些比费舍还要大得多的"蠢驴"，只要他们是熟悉情况的人。"在同俄国打仗的时候，你不会在乎你的邻人向俄国人开枪是出于黑、红、黄①的动机还是出于革命的动机"②。

（二）必须把乌尔卡尔特派的对内政策和对外政策、主观意图和客观作用加以辩证地区分。

马克思恩格斯认为：在对外政策这个专门领域内，有可能把它同对内政策作非常微妙的辩证的区分。在对外政策方面，像"反动的"和"革命的"这类字眼是毫无用处的。③乌尔卡尔特"在主观上无疑是一个反动分子（浪漫主义者）……但是这丝毫不妨碍他所领导的在对外政策方面的运动成为客观上革命的运动"④。

（三）在对外政策上同乌尔卡尔特派联合，并不影响

---

① 黑、红、黄这三种颜色是德国民族统一运动的象征。
② 《马克思恩格斯全集》第30卷第547页。
③ 参见《马克思恩格斯全集》第30卷第548页。
④ 《马克思恩格斯全集》第30卷第548页。

在对内政策上支持无产阶级革命运动。

马克思指出,他同乌尔卡尔特派只是在对外政策上即在反对俄国和波拿巴主义的问题上意见一致,而在对内政策上的观点则截然对立。在对内政策方面,他同乌尔卡尔特的死对头、英国无产阶级政党宪章派的意见是一致的。马克思坚决支持英国宪章派领导的革命运动,反对乌尔卡尔特派对宪章运动的攻击。

(四)在对外政策方面同乌尔卡尔特派意见一致,并不妨碍在对内政策方面同它进行斗争。

马克思恩格斯认为:乌尔卡尔特派在对外政策方面熟悉情况,追求明确的有重大意义的目标——同沙俄作斗争,同俄国外交的主要支柱伦敦唐宁街进行殊死的战斗。尽管他们主观上的设想是:这种斗争会使"盎格鲁-撒克逊"的秩序建立起来,但是"我们革命者必须在他们还有用时利用他们。这并不妨碍我们,当他们在对内政策上反对我们而成为一种障碍时就毫不留情地打击他们"[①]。

马克思恩格斯在批判拉萨尔的机会主义谬论,阐述马克思主义统一战线思想的同时,还揭露了拉萨尔这个实

---

[①] 《马克思恩格斯全集》第30卷第549页。

## 第四章　拉萨尔在欧洲民主运动高涨时期

际上的"普鲁士的宫廷民主主义者"的反动面貌。他们严正指出,在德国当时情况下,反动的最丑恶的形式,是普鲁士王国的宫廷民主。这样就拆穿了拉萨尔打着革命的旗帜、喊着民主的口号而为普鲁士王朝服务的反动本质,剥夺了他谈论无产阶级革命策略问题的权利。

姑且不谈拉萨尔在欧洲反动年代的许多错误言行,仅就50年代末拉萨尔同马克思恩格斯进行的这四次争论情况来看,拉萨尔的错误就够严重的了,马克思恩格斯对拉萨尔也是够有耐心的了。有的历史学家在谈论马克思和拉萨尔的关系时总是对马克思啧有烦言,说什么马克思对待拉萨尔不信任、不公正、太严厉,等等。其实,这样批评马克思太不公正了。如果说马克思在对待拉萨尔的态度上有什么问题的话,那就是马克思太宽容了。马克思由于珍惜拉萨尔的才华,觉得"拉萨尔总还是一匹马力"[①],因而对他的缺点错误过分容忍了。马克思和拉萨尔之间的通信可以证明这一点。恩格斯和马克思的通信也可以证明这一点。后来,当拉萨尔在工人中进行鼓动的时候,恩格斯曾就这个问题对马克思提过意见。恩

---

① 《马克思恩格斯全集》第30卷第12页。

格斯说:"这个家伙在关键时刻可能为形势所迫而和我们同行,也可能成为我们公开的敌人,对他采取宽容态度,能有什么结果呢。容忍这个蠢才从智力上长年剥削,而且为了对此表示感谢,还必须不顾他的种种蠢事而去维护他,这真是太过分了。"①

拉萨尔犯了这么多严重错误,而且都是路线性质的、机会主义的错误,马克思还是出以公心,不计个人恩怨,耐心地开导他,苦口婆心地给他摆事实讲道理,总希望他能进步,毕竟这会有利于革命事业。1859年,马克思在批评拉萨尔的《赫拉克利特的哲学》一书时曾向恩格斯表示,只要巧妙地对付,拉萨尔这个人"是完全可以属于我们的"②。经过50年代末的几次激烈争论,马克思对拉萨尔的认识加深了一步,但仍然没有放弃上述希望。

但是,拉萨尔的世界观已经凝固,再也不能真正接受马克思主义了,再加上拉萨尔这个人十分骄傲自满,听不进任何不同意见,拒绝一切劝告。因此,尽管马克思恩格斯给了拉萨尔那样多耐心细致的帮助,他却依然故我。可以说,他一边听着马克思的批评,一边坚持自己的错误。

---

① 《马克思恩格斯全集》第30卷第356页。
② 《马克思恩格斯全集》第29卷第388页。

## 第四章 拉萨尔在欧洲民主运动高涨时期

正像克雷洛夫的寓言中说的:"瓦西卡边听边吃。"下面我们来看,从1860年到1862年,拉萨尔如何在政治、法学、哲学方面继续顽固地坚持唯心主义观点。

### 六、寄希望于国王

拉萨尔在《意大利战争和普鲁士的任务》一书中鼓吹由普鲁士王朝来统一德国,答应由民主派支持普鲁士政府去争取统一,想把反动王朝和民主这两个不可调和的因素调和起来。这种观点受到马克思恩格斯的严肃批评后,拉萨尔不但没有接受马恩的批评意见,而且在以后的文章中继续散布这种观点。

1860年1月,在《费希特的政治遗嘱和最新的现实》一文中,拉萨尔仍然把统一德国的希望寄托在国王身上,并呼吁反动政府来完成这个历史使命。他借费希特的话说:"如果国王完成了这个功勋!——那么在他死后就建立一个参议院,而且可以立即进行。"[①]

有的历史学家说,拉萨尔在这篇文章中纠正了自己以前的错误,主张只能走民主的道路才能使德国统一,建立

---

[①]《拉萨尔全集》1919年柏林德文版第6卷第84页。

中央集权制的德意志共和国。这是不足凭信的。

不错,拉萨尔坚决反对联邦制,主张建立统一的中央集权国家。至于是否一定要推翻君主制,建立共和国,拉萨尔却没有这样坚决主张过。不仅如此,他对政体根本不加区分,这就为他接受王权领导下的统一留有余地。请看拉萨尔自己在这篇文章中是怎样说的:"同联邦和国家统一这个大矛盾相比,甚至君主国和共和国之间的矛盾,也降为了比较次要的矛盾,我们完全相信,甚至那些希望有一个完全废除了三十五个下级君主权的、世袭君主制的统一的德意志帝国(即使他带有大学生协会时代的一切装饰纹、缨络和伤感性)的人,也还站在比我们的联邦共和主义者高得多的智力和政治真理的阶段上。"[①] 这清楚地表明,拉萨尔在原则上并不反对由君主国来统一德国,实际上,他也正是希望普鲁士国王来完成民族功勋,建立统一的德意志帝国。普列汉诺夫正确地指出,"对德国人民解放的最大障碍,莫过于信仰普鲁士王朝的进步使命"[②]。拉萨尔的错误正在于他以自己的言行加深了这种信仰。

---

① 《拉萨尔全集》1919年柏林德文版第6卷第86—87页。
② 《马克思主义年鉴》1930年莫斯科-列宁格勒版第1(Ⅱ)卷第176页。

## 第四章　拉萨尔在欧洲民主运动高涨时期

拉萨尔在这个时期不仅就当时的重大政治问题积极发表意见，还以极大的精力进行哲学和法学的理论研究，这两种活动经常是交替进行的。可以毫不夸大地说，他的理论研究实际上完全是为他的政治活动服务的。

## 七、全民法学观点——《既得权利体系》一书出版

1861年初，几乎在发表《费希特的政治遗嘱和最新的现实》一文的同时，拉萨尔出版了他的四大卷法学著作《既得权利体系：实在法和法哲学的协调》。

关于这部著作要解决的任务，拉萨尔这样说："我力求解决一项至今还根本没有解决的任务，填补一个显著的空白。——我力求为了革命和社会主义的利益建立一座严格科学的法体系的坚固堡垒（从这个字的最好的和最高尚的意义上讲），占据这座堡垒，我们就可以满怀信心地向单个的村庄进行较远的和大胆的出击。我想，我出色地完成了这座建筑，用纯钢浇铸了这座建筑。"[①]

尽管拉萨尔那样自信和骄傲，可是我们看到的却不是一座真正革命的堡垒，而是一座名副其实的改良主义

---

① 《拉萨尔选集》1905年圣彼得堡俄文版第3卷第268页。

的堡垒。这一点我们从拉萨尔自己的论述中同样可以看得很清楚。

拉萨尔在这部著作的导论中说:"我的著作的基本思想,它的最高的和最深刻的内容,不外是关于旧的法逐渐变为新的法的思想,而且这个过程是在和法的观念本身充分协调的情况下完成的,是从法的观念本身产生的。如果我们能够用严格科学的方法向所有的人揭示法的这种性质变化,我们就能把这个科学理论作为强大的精神武器,它会有助于:一方面使得对当代的改造工作变得容易,另一方面筑起一道堤防来阻止那汹涌澎湃的波涛淹没由个人自由意志所耕种的真正的既得权利的土地。"[①]

拉萨尔的唯心主义法学观点和改良主义的政治路线在这里暴露无遗。

首先,拉萨尔根本不理解马克思主义关于社会存在决定社会意识、经济基础决定上层建筑的历史唯物主义原理。他遵循黑格尔的唯心主义法学观点,相信存在绝对的独立的法的观念,认为法的变化过程不是取决于社会经济制度的发展和变化,而是与法本身相协调的和从法概念本

---

① 《拉萨尔选集》1905年圣彼得堡俄文版第3卷第282页。

## 第四章 拉萨尔在欧洲民主运动高涨时期

身产生的。拉萨尔在这部书中反复论证了这一思想。他说,法哲学是"意志概念自身的发展和反映","法是一个从自身以内发展出来的合理的机体","法哲学属于历史精神的王国,与逻辑的永恒范畴无关,而法制只是历史的精神概念的实现,只是历史上各个不同的国民精神和各个历史阶段的精神内容的表现,因此,只能作为历史的精神概念来理解"。根据这种唯心主义法哲学原理,拉萨尔提出了全民法的观点,说什么"法律是全民权利意识的表现","法的唯一泉源是全民的共同意识、普遍精神",并且认为自黑格尔以后这种观点就成为不可改变的原理。恩格斯批判拉萨尔的这种唯心主义观点时指出:"拉萨尔的《既得权利体系》一书不仅囿于法学家的种种幻想,而且还有于老年黑格尔派的种种幻想。拉萨尔在第Ⅶ页上明确地宣称:'在经济方面,既得权利概念也是推动一切继续向前发展的喷泉';他想证明:'权利是一个从自身内部(这就是说不是从经济的先决条件中)发展出来的合理的机体"(第Ⅺ页);在拉萨尔看来,问题是要证明权利不是起源于经济关系,而是起源于'意志概念自身,而法哲学不过是对

这种概念的阐发和叙述'(第 XII 页)。"[1]

其次,拉萨尔明确宣布他的这部著作是要论证如何使旧的法逐渐变为新的法,实际上就是主张不应破坏旧法制和伪法统,这样实际上取消了无产阶级的革命任务,给无产阶级的一切行动都戴上了改良主义的紧箍。

最后,拉萨尔说,他写此书的目的是要筑一道堤防来阻止汹涌澎湃的波涛和保护由个人自由意志取得的既得权利,用明确的语言说,就是要防止革命和保护私有制。拉萨尔在后面的论述证明了他的导言中的这种思想。他完全抹杀法的阶级性,认为"思维和意志的自由是整个权利所依靠的神圣不可侵犯的基本规定",因此,当新法律取代旧法律时,凡凭个人意志行为取得的既得权利,新法律都不能侵犯。后来拉萨尔在工人中进行宣传鼓动时明确宣布:"一切既得的、合法的财产,都是完全不可侵犯的和正当的。"这段政治言论可以看作拉萨尔对他的法学观点的注释。

由此可见,拉萨尔的这部巨著并不像他本人吹嘘的那样,是什么科学的、革命的著作,恰好相反,它是一部始

---

[1] 《马克思恩格斯文集》第 3 卷第 321 页。

终贯穿着空想主义的、反科学的、非革命的著作。按照他的观点去做，决不会使社会改造工作变得容易，相反地，它将给社会改造增加难以克服的困难。他以后在工人中宣传在普鲁士王朝范围内解放工人的主张，同他在这里发挥的法哲学思想是一脉相承的。正是这种主张给德国工人运动造成了极大的危害。

当然，我们在这里指出他的这部著作的总的倾向、体系和指导思想是错误的，是唯心主义的。正是针对这一点，马克思说拉萨尔"这个人是不可救药的"[①]。这不等于说他的这部近百万字的著作每一句话都是错误的。其中关于回溯效力、赎买等的论述，不乏近乎情理和正确的看法，另外他的书为法学研究者提供了大量的法学史资料。但是，这些改变不了他的书的总的倾向性的错误。

## 八、头足倒置的概念运动的辩证法

拉萨尔是一个多产作家。除了四大卷《既得权利体系》外，1861年这一年拉萨尔还发表了其他一些哲学著作，如《黑格尔的逻辑学和罗生克兰茨的逻辑学以及黑格

---

① 《马克思恩格斯全集》第30卷第154页。

尔体系中的黑格尔历史哲学的基础》《哥特霍尔德·埃夫拉伊姆·莱辛》。这些著作都是用黑格尔的唯心主义解释历史和社会现象,它们证明拉萨尔始终是一个恪守黑格尔唯心主义体系的顽固不化的老年黑格尔主义者。

《黑格尔的逻辑学》一文是拉萨尔用黑格尔的概念发展的辩证法来剪裁历史的一个典型作品。作为正统的黑格尔派,拉萨尔把观念作为现实世界的基础。他把概念的自我发展以及它们互相之间的产生和消灭看作辩证法的本质。在拉萨尔看来,现实世界是概念运动的产物。逻辑范畴不是作为事物的现实关系的抽象,而是一种独立的本质。他认为概念的运动是先于现实世界而存在的,现实世界只不过重新证实了概念或观念的真实性。根据这种观点,拉萨尔像黑格尔一样,把历史看作"概念的客观的自我运动"。"历史是理念的王国;但是,理念要达到自我完成,除了通过概念在其自身运动中的活动以外甚至没有其他手段"[①]。拉萨尔用这种观点来解释具体的历史现象,把封建制度的衰亡和现代资产阶级关系的产生说成是概念的机械性活动的结果。拉萨尔以英国史为例说:"当现在在大

---

① 《拉萨尔全集》1919年柏林德文版第6卷第42—43页。

## 第四章　拉萨尔在欧洲民主运动高涨时期

工业国,特别是在英国,工业化的过程促使资本通过自身的运动越来越集中和积累的时候,当小的中间等级却相反地因此越来越消失并且下降为单靠自身劳动力的没有资本的无产者的时候,这又是概念的一种机械性作用和运动,它也许同样能使现存的社会形态解体和改造。"①普列汉诺夫曾说,拉萨尔"已同旧的唯心主义形而上学决裂,但未能完全摆脱它的影响"。从拉萨尔1861年发表的这篇文章来看,普列汉诺夫的这个说法不能成立。拉萨尔非但没有实现这种决裂,反而完全处于它的影响之下。在拉萨尔那里,完全像在黑格尔那里一样,一切都是头足倒置着。不仅如此,拉萨尔把以后被列宁斥之为"胡说八道"的黑格尔关于客体的机械性和化学性等论点,发展到了荒谬的程度。

拉萨尔说指出,"逻辑的化学性在主要方面构成了历史的灵魂并且产生历史的运动"。他以君主国为例来说明这个论点:"君主国具有重要意义,它针对着市民社会中那些沉湎于自己的特殊利益和醉心于特权、优先权的阶级和等级,表现了伦理的国家意志的整体性和统一性的概念。

---

① 《拉萨尔全集》1919年柏林德文版第6卷第44页。

因此,君主国由于自己的内在本性从一开始就处于同特权相对的地位。这就是君主国自在地存在着的概念。"①

这里拉萨尔完全歪曲了历史的真实。他从唯心主义的超阶级的观点来看待国家,把国家看作伦理意志的统一体,把君主国看作似乎同任何特权相对立的一种原则。这是拉萨尔历来对于普鲁士君主制的好感在哲学上的反映。

但是,近代历史的发展完全说明了另一种情况,即君主政体恰恰是封建特权的体现者。在欧洲,它一个接一个地被反对封建等级制度的资本主义所有制所代替。拉萨尔不能闭目不看这些事实,他必须对这种现象作出解释。他是如何解释这种现象的呢?

拉萨尔认为,"在君主政体中,伦理的国家意志的这一整体性和统一性是作为一种偶然的、经验的、通过血统的继承来确定的、直接的个性而存在的,也就是说,它本身又是一种特权,而且还是最高的和最牢固的特权——把公共的意志确定为一个个人的世袭财产"②。君主政体内的这种特权同君主政体作为伦理意志的统一体这个自在存在的概念处于矛盾之中。于是,这种"自在存在着的概

---

① 《拉萨尔全集》1919年柏林德文版第6卷第45、47页。
② 《拉萨尔全集》1919年柏林德文版第6卷第47页。

## 第四章　拉萨尔在欧洲民主运动高涨时期

念，君主政体的内在本性，首先作为推动力对君主政体起作用"，而"王权可以感到自己就是这样被推动去反对同国家目的的伦理的统一性和整体性相对立的封建社会的特权，并日甚一日地把它扬弃"①。于是，君主国就转化为了它的对立面——共和国。但是，这个转化运动，不是由外在的物质力量、由反对封建特权的阶级用现实的力量推动的，而是一种概念的自我实现、自我完善的运动，是君主政体使它的存在同它的概念相适应的运动。拉萨尔说："这个运动是一种完全由于王权自身的内在本性产生的，然而又完全是不由自主的运动……而王权在这个运动中转化为它希望自己成为的那个东西的对立面，因此这同样是一种逻辑的化学性——化学性的国家危险性现在充分表现出来了。"②

以上就是拉萨尔运用黑格尔概念发展的辩证法分析历史现象所得出的结论。乍看起来，拉萨尔的这些观点近乎胡说，但是我们切莫等闲视之。在这些哲学臆语之中包含着拉萨尔后来所鼓吹的一整套政治纲领。如果说，德国软弱的资产阶级总想不通过斗争就把容克地主的普鲁士封

---

① 《拉萨尔全集》1919年柏林德文版第6卷第47页。
② 《拉萨尔全集》1919年柏林德文版第6卷第47—48页。

建王国变为资产阶级的王国,那么拉萨尔后来向工人推荐的包治社会百病的万应灵丹的实质则是:无须革命就可以把普鲁士王国变成为工人阶级谋福利的社会王国——无产阶级的王国。这种幻想正是以概念的自我发展和转化的唯心主义哲学为根据的。这也正是拉萨尔以后背叛工人阶级而向普鲁士王朝妥协投降的理论基础之一。此外,还应看到,这是拉萨尔的一切哲学著作的主导思想。拉萨尔在这篇文章中所讲的王国的概念自动转化为对立面的思想,无非是《既得权利体系》中提出的"旧的法逐渐变化为新的法"的思想的另一种说法罢了。

### 九、唯心史观和唯物史观的对立

拉萨尔在这个时期发表的另一篇哲学论文《哥特霍尔德·埃夫拉伊姆·莱辛》,也是宣传唯心史观的典型作品。他借评介德国启蒙作家莱辛的思想而兜售自己主观产生客观、意识决定存在的思想。他把历史看作"自我意识的内在发展"。他认为莱辛的伟大历史功绩就在于,在莱辛那里"历史不再是一个毫无意思和随便拼凑的王国了。自我意识从它对待历史的消极态度转变为积极态度,转变

## 第四章 拉萨尔在欧洲民主运动高涨时期

为一种懂得把历史理解为它自己的发展的态度"①。拉萨尔从唯心主义立场发挥莱辛的思想,强调"在文学、戏剧、艺术、教义学、伦理学、宗教,甚至一般历史发展中,自我意识都规定了它的广泛的权利并意识到了自身是世界的创造者。莱辛的这个中心思想贯穿了他的活动的各个方面"②。这实际上也是拉萨尔本人的中心思想,因为他自己就一贯把周围世界看作自我意识的产物,看作它的生动的和积极的表现。

如果我们注意一下这篇文章发表的时间,那么对拉萨尔的唯心主义思想就会看得更加清楚了。

拉萨尔的这篇文章是1861年发表的。早在这之前,马克思在1859年就出版了《政治经济学批判》。马克思在这部书的序言中第一次条理分明地、紧凑地、系统地向公众阐述了自己的唯物主义历史观。马克思写道:"人们在自己生活的社会生产中发生一定的、必然的、不以他们的意志为转移的关系,即同他们的物质生产力的一定发展阶段相适合的生产关系。这些生产关系的总和构

---

① 《拉萨尔全集》1919年柏林德文版第6卷第176页。
② 《拉萨尔全集》1919年柏林德文版第6卷第177页。

成社会的经济结构,即有法律的和政治的上层建筑竖立其上并有一定的社会意识形态与之相适应的现实基础。物质生活的生产方式制约着整个社会生活、政治生活和精神生活的过程。不是人们的意识决定人们的存在,相反,是人们的存在决定人们的意识。社会的物质生产力发展到一定阶段,便同它们一直在其中活动的现存生产关系或财产关系(这只是生产关系的法律用语)发生矛盾。于是这些关系便由生产力的发展形式变成生产力的桎梏。那时社会革命的时代就到来了。"[1] 根据唯物史观的这个经典公式得出的革命的结论无论对理论还是对实践都具有同样重要的意义。

马克思的这部书是在拉萨尔的帮助下出版的。马克思的著作还没有出版以前,拉萨尔在1859年3月21日给恩格斯的信中就表示,他急不可耐地渴望读到马克思的这部著作。马克思的著作出版后,他在1860年1月底给马克思的信中又说:"你的书具有非常重要的意义。"[2] 可见,拉萨尔读过这部著作,对马克思的观点是了解的。那么,在

---

[1] 《马克思恩格斯选集》第2卷第82—83页。
[2] 《拉萨尔致马克思恩格斯书信集》1905年圣彼得堡俄文版第139、219页。

这之后拉萨尔仍然坚持宣传自我意识是世界的创造者并决定整个上层建筑和意识形态的观点，这只能说明他是有意识地宣传唯心史观并同唯物史观唱对台戏。

## 十、宣扬纯粹思维产生客观世界，鼓吹和现实调和

为了能展示拉萨尔唯心主义思想的一贯性，这里提前简介一下1862年5月拉萨尔在柏林纪念费希特诞生一百周年大会上的演说:《费希特的哲学和德意志民族精神的意义》。

这篇演说可以说是集拉萨尔唯心主义观点之大成。像他以前的所有哲学著作一样，拉萨尔在这篇演说中继续鼓吹意识决定存在的唯心主义观点。他赞扬费希特的"自我"产生"非我"的主观唯心主义哲学原理，宣扬"自我设定自己本身"，"自我或者纯粹思维"是"真正的自在之物"，纯粹思维"设定和产生客观世界"。拉萨尔说:"自我或者纯粹思维成了真正的自在之物。这甚至是一切存在的绝对的自在，是把一切存在着的东西都从它自身中发展出来的绝对的自在。正如费希特自己所说，自我或者纯粹

思维就是一切实在事物,除了自我和由自我设定的东西以外,没有任何实在事物。"① 他宣称应该在心头建立起一个世界。他认为,自我或者纯粹思维是产生出客观实在的东西的"子宫"。

当马克思恩格斯已经在批判德国古典哲学的基础上创立了科学的唯物史观之后,拉萨尔仍然坚持主观产生客观、意识决定存在的唯心主义观点,足见拉萨尔的思想是多么落后!

拉萨尔在这篇演说中还突出地宣传英雄史观,宣扬德国的历史是由天才人物推动前进的。他说:"在德国每经过一代无不在我们中间生出至少一个天才人物",这些天才人物把形而上学思维的"神圣之火发扬光大",而这种火焰是和"民族的地上的命运不可分割地联结在一起"的。②这和拉萨尔后来把他自己和俾斯麦看作天才人物的观点是一脉相承的。

拉萨尔在这篇演说中还鼓吹德意志民族是优等民族的反动谬论。他说"德国人注定先于所有其他民族在历史上

---

① 《拉萨尔全集》1919 年柏林德文版第 6 卷第 127 页。
② 《拉萨尔全集》1919 年柏林德文版第 6 卷第 134 页。

## 第四章　拉萨尔在欧洲民主运动高涨时期

代表完善和进步"，注定要"实现神的世界计划"，"德意志民族不但和任何其他的民族一样，是神的世界计划的发展中的一个必然的因素，而且恰恰是唯一成为这样一种概念的承担者的民族……未来的王国、实现了自由的王国应当建立在这种概念基础之上，而且只有从这种概念出发才能建立起这个王国和世纪。"①

费希特具有爱国主义思想，他反对拿破仑侵占德国领土，坚决维护德国的独立，认为"丧失了独立的国家，同时就丧失了推动时代潮流的力量，丧失了自由地决定时代潮流的内容"，同时费希特也坚决主张德国统一。费希特的这些思想在当时都具有进步意义。但是，费希特鼓吹德意志民族比别的民族优越，负有"指导人类社会"的使命，德意志精神将获得"统治世界的实权"，并实现"神圣的世界计划"等观点，则具有民族主义和沙文主义情绪，因而是错误的。拉萨尔不是抛弃费希特思想中的这些糟粕，而是把它们作为正面的东西来宣扬，这只能说明，拉萨尔本人是个民族主义者。拉萨尔后来在波兰问题上和什列斯维希－霍尔施坦问题上的民族主义观点绝不是

---

① 《拉萨尔全集》1919年柏林德文版第6卷第141—142页。

偶然的。

特别值得注意的是,拉萨尔在这篇演说中鼓吹同现实调和,反对破坏现实世界。他说,民族精神"无非是一种追求——追求通过精神的内心境界来主宰现实世界,要从现实世界的最内心的思想基础出发,追求越来越深刻和越来越彻底地主宰现实世界;无非是根据一种最根本的理论来把握对立,追求达到精神世界和现实世界越来越密切的调和。因此,我说这也就是我们在这种民族的自我观察中作为我们民族特有的发展规律而发现的东西:不是像别的民族那样,把现实世界弄破裂,然后在既成事实面前来叫我们补救一下意识到我们行动的工作,而是从最深刻地和理论上最透彻地主宰这种冲突出发,从彻底自觉地、形而上学地因而也是万无一失地扬弃客观世界的脆弱的独立性和对象性出发"。拉萨尔认为,同现实实行最深刻的调和"构成德意志精神的命运和任务"[①]。

在这里,拉萨尔与其说是阐述费希特的哲学原则,不如说是阐发他个人的政治原则。同普鲁士专制王国的现实调和,以便"万无一失地扬弃客观世界",这就是拉萨尔

---

① 《拉萨尔全集》1919年柏林德文版第6卷第134—135页。

## 第四章 拉萨尔在欧洲民主运动高涨时期

后来在工人中进行宣传鼓动的指导思想。

上面扼要评介了拉萨尔在1861—1862年的法学和哲学观点。下面我们来考察一下拉萨尔在这个时期的政治活动。

# 第五章
# 拉萨尔在宪法冲突时期

# 第五章　拉萨尔在宪法冲突时期

## 一、宪法冲突的由来

德国1848年革命由于资产阶级的妥协和背叛而失败了，随后便开始了十年反动时期。在反动时期，德国资产阶级甘心屈从于容克地主的专制制度，宁愿接受一个疯子①的统治，也不愿再起来反抗。它让封建官僚去管理国务，自己则一心从事实业活动，建工厂、开矿山、修铁路、造轮船。像欧洲其他国家的资产阶级一样，德国资产阶级也力图用经济上的胜利来弥补自己政治上的失败。它利用在1848年获得的一点有限的政治自由来促进工业的繁荣。因此，在反动年代，德国资本主义获得了迅速发展。随着经济力量的发展，资产阶级也要求有相应的政治地位。它不愿意仅仅充当封建统治者的"摇钱树"，而要求更多地参与政权，平等地分掌金库的钥匙。于是，产生了资产阶级和容克地主阶级之间的权力再分配的斗争。19

---

① 1848年3月18日，柏林人民举行武装起义，同政府军战斗了十小时。在革命人民的冲击下，第二天普鲁士国王弗里德希·威廉四世被迫下令把军队撤出柏林，三月革命取得了胜利。革命人民抬着牺牲了的战友的尸体涌向王宫，命令国王向死者脱帽致哀。从此，国王得了癫痫症。后来国务由摄政王威廉主持。

世纪50年代末,这种斗争在普鲁士以宪法冲突的形式表现出来。

所谓宪法冲突,就是从1860年开始的普鲁士资产阶级和普鲁士政府围绕着军事改革和军费问题展开的斗争。

普鲁士资产阶级希望德国尽快统一起来,这样会有利于资本主义的发展。但是,资产阶级由于自己的软弱性和害怕人民群众,不敢提出革命地统一德国、建立资产阶级共和国的口号。他们反复强调在普鲁士王朝的领导下统一德国。普鲁士国王向来把军队看作王朝的命根子和容克地主统治的主要支柱。他早想实行军事改革,扩充军队,改进军队的素质,以利于统一德国和争霸欧洲。现在,国王及其拥护者看到,自由资产阶级害怕革命,愿意归顺王朝,赞成由普鲁士来领导统一德国的事业,便及时向议院提出谋划已久的军事改革方案。1860年,国防大臣罗昂向普鲁士众议院正式提出:把常备军服役期限从两年改为三年,军队扩充到四十万人,追加军费九百五十万塔勒。

从实质上看,这个军事改革计划是符合普鲁士资产阶级的利益的。因为没有一支强大的军队是无法实现资产阶级所期望的统一的。但是,资产阶级害怕实行军事改革的结果,势必会加强国王和贵族地主的力量,增强封建专制

## 第五章　拉萨尔在宪法冲突时期

统治，不利于建立资产阶级分享政权的君主立宪制度，甚至还可能使自己现有的一点有限的发言权也丧失掉。资产阶级尤其担心，实行军事改革实际上会取消由资产阶级军官领导的国民自卫军，从而削弱自己对军队的影响，而完全受封建贵族支配的军队很可能成为反对资产阶级利益和议会的工具。资产阶级尽管支持普鲁士王朝，但不愿意牺牲自己的根本利益来完全加强王室和贵族的力量。他们不愿意只尽义务，担负近千万的军费，而无权利为自己的利益指挥军队。于是，资产阶级议员利用1850年宪法赋予议会的权力，不但否决了政府提出的军费开支计划，而且要求政府实行内阁对议会负责的制度，由议会监督政府的财政开支。普鲁士政府不同意议会有这样的权力，于是宣布解散议会，重新选举议员。但是，资产阶级在两次选举中都获得胜利，取得压倒多数的席位。政府两次解散议会都遭到失败，两届内阁都接连倒台。普鲁士专制政府陷于危机之中，普鲁士国王甚至打算退位。

在这种形势下，国王起用铁腕人物俾斯麦。俾斯麦看透了资产阶级的软弱无力，他上台后，不顾众议院议员的反对，也不要求议员的同意，继续实行军事改革，自行开支军费，扩充军队。资产阶级进步党人认为这是违反宪法

的行为。他们宣称,如果众议院不能行使预算批准权,那么宪法就受到了威胁。可是,他们只限于消极的口头上的反抗,并无什么实际行动。相反地,俾斯麦则采取强硬态度,他认为他是国王的仆人而不是议院多数的仆人;他只对国王负责,而不受议院节制。因此,从1862年到1866年,尽管议院一直没有批准政府的军事改革预算,俾斯麦政府还是照样支出。直到1866年普奥战争后资产阶级彻底向俾斯麦投降,这场冲突才算结束。普鲁士自由资产阶级和普鲁士封建贵族的这场斗争在德国历史上被称为"宪法冲突"。

1861年到1862年正是宪法冲突白热化的时期。普鲁士反动政府肆意践踏宪法,资产阶级议员极力抗争。尽管这种抗争不够有力,但受到广大人民群众的支持。例如:1861年8月19日普鲁士政府悍然宣布解散众议院,掀起了人民群众不满的风暴。在各大城市和工业中心举行了反政府的群众大会,表示赞成众议员的立场。法兰克福的群众大会还发出号召:"每一个普鲁士公民,特别是议员,都坚决地、毫不动摇地捍卫德意志的自由和统一的事业。"宪法冲突点燃了群众反对专制制度斗争的火焰,促成了新的革命形势。当时气氛非常紧张,政府甚至向柏林调集了大批军队,并制订了作战方案。王室成员心惊胆战,时刻

### 第五章 拉萨尔在宪法冲突时期

恐惧起义的爆发。正如马克思说的,"到处笼罩着瓦解的气氛,各界人士都认为灾难不可避免。看来,首都比外省走得更远"①。

在这种革命形势的影响下,拉萨尔的思想上发生了一定的向左摆动。他以激进资产阶级民主派的面貌,对当前重要政治问题(宪法冲突)发表意见。在这之前,拉萨尔曾发表《文学史家尤利安·施米特先生》一书,批评和挖苦资产阶级文学批评家施米特,实质上是反对资产阶级在宪法冲突中逃避斗争的倾向。拉萨尔辛辣的文笔触怒了不少自由资产阶级报刊。拉萨尔同它们的关系变得紧张起来。但是,拉萨尔和资产阶级进步党仍然保持着的一定的友好关系。于是,在资产阶级积极进行选举前的宣传鼓动的时候,拉萨尔被一些自由资产阶级团体邀请去发表演说。

## 二、《论宪法的实质》的演说

1862年4月,拉萨尔在柏林几个区联合会上以《论宪法的实质》为题发表演说。在这篇演说中,拉萨尔利用

---

① 《马克思恩格斯全集》第30卷第162页。

被邀请演说的机会,在资产阶级进步党人面前抨击他们领导人的软弱性。

拉萨尔在演说的过程中不得不打破概念产生现实的旧唯心主义框框,而更多地用现实事例来说明宪法概念。

拉萨尔强调,要把实际的宪法和书面的宪法区别开来,国家的实际宪法始终存在于现实社会里的现实的、实际的力量对比之中。书面的宪法,如果它不符合这个社会的有组织的实际力量的对比,那它仅仅是一张纸,那么在这种有组织的力量对比的压力下,书面宪法是无可挽救地,而且是不可避免地、无论如何一定要被淘汰的。拉萨尔证明当时的普鲁士宪法已被政府破坏,因而已经过时。为了使书面宪法符合社会实际力量的对比,就必须改变宪法。但是,"它可以向右变或向左变。但要使它完整无缺已不可能了。……如果政府着手改变,使成文的宪法同社会中有组织的力量的实际条件相适应,它可以向右改变。或者,无组织的社会力量行动起来,并再次证明自己比有组织的力量优越。在这种情况下,宪法将被废除并向左改变,就像在前一种场合向右改变一样。但是,不管怎样它

## 第五章 拉萨尔在宪法冲突时期

灭亡了"①。

拉萨尔教训进步党的首领们说："宪法问题最初不是法问题，而是力量问题；一个国家的实际的宪法只是存在于那个国家所有的现实的实际力量的对比中；书面宪法只有在它准确地表达这个社会存在的实际力量对比时才有价值，才能持久。这就是你们应当记住的原则……先生们，为了知道，在某个时候你们又获得自己制定宪法的可能性的时候应当如何行动；为了知道，问题不在于纸上谈兵，而是改变实际的力量对比，你们应当记住我的这个演说。"

拉萨尔最后批评说："先生们，君主制度的奴仆们是一些实干家，而不是饶舌者，但愿你们也有这样的实干的奴仆。"②

拉萨尔对迷恋于法制基础的资产阶级的批评实质上是正确的。尽管资产阶级和政府发生冲突，但是，从1848年就已经彻底暴露出的对人民的恐惧，使资产阶级不能依靠人民去制服国王，就是说不能像拉萨尔所说的那样使宪法向左的方面改变。因为，资产阶级同国王斗争的目的是为了取得他的让步，并不是推翻他的统治。资产阶级的报

---

① 《拉萨尔选集》1905年圣彼得堡俄文版第2卷第26页。
② 《拉萨尔选集》1905年圣彼得堡俄文版第2卷第27页。

纸《国民报》在反对容克专权的同时,就一再强调自己的温和性和对国王的忠诚。1862年4月10日,这家报纸说:"不管是立宪派还是民主派都没有想过:没有国王普鲁士可以存在。"

拉萨尔的讲话刺到了资产阶级进步党领导人的痛处。因此,尽管拉萨尔为资产阶级出谋划策,却受到资产阶级的冷遇。可是,拉萨尔的演说却受到容克地主的反动报纸《十字报》的热烈欢迎,吹捧拉萨尔"以正确的本能触及问题的实质"。

此后,资产阶级和普鲁士反动政府的矛盾进一步激化。1862年5月6日举行众议院选举,尽管普鲁士政府千方百计地阻挠和破坏,进步党仍然获得多数席位,于是再次否决了政府的军事改革方案。宪法冲突空前激化。在普鲁士霍亨索伦王朝危机四伏的形势下,国王于1862年9月23日任命"疯狂的容克"俾斯麦为外交大臣兼大臣会议临时主席,10月8日最终任命他为王国首相。

俾斯麦一上台,就于1862年9月30日在议会发表铁血演说。他向资产阶级挑战说:"德意志不依靠普鲁士的自由主义,而是依靠它的强大……普鲁士应当聚集自己的力量以迎接有利的时机,这种时机已经不止一次地被错过了……当前各种重大问题的解决，不是靠演讲和大多数人的决议——这正是 1848 年和 1849 年的错误——而是靠铁和血。"10 月 7 日，俾斯麦在议会又宣称："法律问题经常不是通过互相斗争的理论的对立方式来解决的，而只是逐渐通过国家法的实践来解决"；又说："国家法的实践将逐渐解决这个权利问题，换言之，这仅仅是书面的权利和力量的铁的关系的冲突。"

很明显，俾斯麦藐视纸上写的宪法条文，而要用力量解决宪法冲突。他要以强硬的毫不妥协的态度来对付软弱的一味妥协的资产阶级。他不顾众议院的反对，继续强行征税和推行扩充军队的计划，资产阶级只是软弱无力地进行反抗。

## 三、关于宪法的第二篇演说——《现在怎么办？》

在这种情况下，拉萨尔于 1862 年 10 月向进步党人发表了第二篇关于宪法问题的演说，题为《现在怎么办？》。

拉萨尔在这篇演说中论证，事件的全部发展完全证明他的关于宪法实质的理论是完全正确的。他举出反动的《十字报》、国防大臣罗昂、内阁首相俾斯麦的言论来证明他的第一篇演说讲的是真理。拉萨尔说："《十字报》本身

也不得不坦白地承认我提出的宪法理论是绝对的真理";"国防大臣所承认的关于宪法实质的理论,正是我在上次讲演中提出的";"首相先生是一个深知宪法实质的专家,他完全支持我的理论"。①总之,反动派的头面人物似乎都成了拉萨尔理论的信徒。

拉萨尔接着揭露普鲁士立宪国家的虚伪性,指出政府"声明国家是立宪的,然而事实上国家却是专制的;它有的是谎言"。拉萨尔主张要揭去普鲁士立宪国家的虚伪外衣,"强迫政府摒弃伪装,并且还正式向全世界表明,它实质上是专制的政府"。那么,究竟怎样揭露虚伪的立宪制度呢?拉萨尔主张由议院公布一项长期拒绝开会的决定,就可以达到目的。拉萨尔甚至为众议院起草好了如下的决议案:

"鉴于议院已经否决了为建立新军队而编制的预算;鉴于,尽管如此,政府从决定之日起照旧支出这项费用;鉴于只要这种情况仍在继续,规定未经议院批准不得支出费用的普鲁士宪法就是一纸谎言;鉴于在这种事情仍然存在的情况下,人民代表在议院继续开会和参与政府事务,

---

① 《拉萨尔选集》1905年圣彼得堡俄文版第2卷第29—32页。

对人民代表是不体面的，等于是他们直接参与政府对宪法的破坏，会是帮助政府用立宪制度来装饰门面。有鉴于此，议院决定无限期地停止开会，直到政府证明它已停止支出未经批准的费用时为止。"①

拉萨尔认为用这种办法就可以使专制政府在全国和全世界面前丢丑，专制政府迫于舆论的压力就会向人民的议院投降，从而结束虚伪的立宪主义，实现真正的议会统治。最后，拉萨尔向议员号召："诸位先生，没有调和的幻想，为了知道什么是旧的专制制度，你们现在已经有了充分的实际知识。因此，不要对旧的专制制度作任何新的妥协，而是要：手掐着脖子和膝抵着胸膛！"②

## 四、同资产阶级进步党决裂——《力量和法》

既软弱又胆怯的德国资产阶级代表人物，根本不理睬拉萨尔的意见，因为他们清楚，从上面采取激烈的对抗行动，必须要依靠从下面来的群众的支持，可是德国资产阶级恰好最害怕这一点。它最担心群众发动起来后会对它不利。不仅如此，由于拉萨尔的演说刺到了资产阶级领袖们

---

① 《拉萨尔选集》1905年圣彼得堡俄文版第2卷第45页。
② 《拉萨尔选集》1905年圣彼得堡俄文版第2卷第51页。

的痛处，他们拼命攻击和嘲笑拉萨尔的论点。他们在报上发表文章，指责拉萨尔宣传力量先于法的理论，是和俾斯麦唱一个调子。拉萨尔写了一篇短文《力量和法》来回击资产阶级报刊。

在这篇答复中，拉萨尔用德国1848年革命的例子证明他的观点。他说："1848年11月，当普鲁士国民议会被刺刀驱散的时候，提出了一个问题，什么在先什么在后——法先于力量还是力量先于法？……1849年7月，当废除了法定的普选权而颁布了三级选举法的时候，又提出了这个问题：什么在先什么在后：法先于力量还是力量先于法？"① 拉萨尔得出结论：资产阶级进步党没有权利谈论法的问题，因为他们自己践踏了法。

所有的资产阶级报纸都拒绝刊登拉萨尔的文章。这篇文章标志着拉萨尔同资产阶级进步党彻底决裂，也是拉萨尔向资产阶级的挑战书。从此以后一直到死，拉萨尔都把资产阶级进步党作为靶子，不断揭露资产阶级进步党的软弱、虚伪和无能。因此，《力量和法》一文可以说是拉萨尔和资产阶级进步党决裂的正式标志。

---

① 《拉萨尔选集》1905年圣彼得堡俄文版第2卷第54页。

第五章　拉萨尔在宪法冲突时期

## 五、拉萨尔关于宪法问题的演说剖析

拉萨尔关于宪法问题的演说，给人们留下了深刻的印象。有的历史学家说关于宪法的演说表明了拉萨尔对国家制度本质的唯物主义观点，还有的人说拉萨尔的演说利用了马克思的宪法思想。拉萨尔自己也认为，他的演说对宪法实质问题作出了唯一科学的回答。因此，有必要对拉萨尔关于宪法问题的演说涉及的问题进行分析。

（一）拉萨尔认为真正的宪法存在于实际力量对比中的观点有一定的道理，有唯物主义因素，但这不能说明拉萨尔自此已放弃了唯心主义国家观点。他后来在鼓动演说中反复强调国家的超阶级性质就证明了这一点。

至于说拉萨尔的宪法演说利用了马克思关于宪法的思想，也不尽然。不错，马克思在1848年革命期间曾经说过，反动派总是把刺刀提上议事日程。针对封建反动派的暴行和国民议会左派的空谈，马克思还指出："谁的力量大，谁的权利就大"，"优势在国王方面，权利在力量方面，没有力量的方面只是空谈权利"。[①] 词句确有相似之处。拉萨尔用1848年革命的事例说明他的力量先于法的思想

---

① 《马克思恩格斯全集》第6卷第5—6页。

时，看起来像是利用了马克思的一些看法，受到了马克思的一些影响。但是在对具体问题的分析上，两者的观点却大相径庭。马克思是从唯物主义的阶级斗争的角度对当时的现实的政治力量的相互关系进行分析，揭露反动派践踏法制的暴行和资产阶级恪守法制基础的迂腐行为的。拉萨尔在谈论宪法问题时，并没有改变他认为法是从法概念自身产生的和法律是全民意志的表现的唯心主义观点。他一开始就声明他要探求宪法概念的实质，认为"只有宪法概念才是一切宪法艺术和一切宪法智慧的泉源，它们毫不费力地、自然而然地从宪法概念中产生出来，当你们找到这个概念时，你们就会相信这一点"[①]。这证明他对法的总的看法仍然是唯心主义的。

其次，拉萨尔所列举的那些力量——国王和军队、贵族和土地所有者、工厂主和银行家、市民和工人，等等——在拉萨尔的笔下都是些互不发生关系的孤立的力量。他唯心主义地解释这些力量，认为这些力量中哪一种力量强大与否，完全取决于它的组织性和集中的程度，对于这些力量所依靠的物质关系根本没有作出详细中肯的分

---

① 《拉萨尔选集》1905年圣彼得堡俄文版第2卷第6页。

## 第五章 拉萨尔在宪法冲突时期

析,似乎这些力量同自己的经济基础没有联系,而是悬在空中的。正如马克思在谈到拉萨尔的宪法演说时所指出的:拉萨尔是根据纯粹无条件的和无条件纯粹的理论发现,"一个国家的真正宪法不是成文宪法,而真正的宪法取决于现实的'力量对比'"[①]。因此,拉萨尔的宪法定义是徒有唯物主义的外观,实质上仍然是唯心主义的,正如施蒂纳主张"力量先于权利",而终究是一个"转向唯物主义和经验主义的唯心主义者"[②]一样。

(二)为什么拉萨尔为资产阶级出谋划策,却遭到资产阶级的反对;拉萨尔攻击封建专制政府,却受到封建专制制度的捍卫者的欢迎?

这个问题,只有从当时阶级斗争的形势中才能得到解答。

当时资产阶级和容克地主阶级进行着激烈的斗争。这实质上是民主主义和封建专制主义的斗争。从力量的对比来看,国王掌握着政权和军队,在实际力量上王朝占有优势,而在法制上和道义上王朝则处于劣势;资产阶级则相反,在法制上和道义上处于优势,而在实际力量上,在政

---

① 《马克思恩格斯全集》第 30 卷第 307 页。
② 《马克思恩格斯全集》第 27 卷第 307 页。

权和军权上则处于劣势。资产阶级要取得力量上的优势,就必须和人民群众、无产阶级联合起来,并加强民主阵营的团结。这是封建阵营最担心最害怕的事情。因此,当时问题的关键应当是想尽一切办法促进资产阶级和广大人民群众的联合,加强民主团结,结成广泛的反封建统一战线。这就需要做艰苦细致的工作,仅仅发表一些公开演说,当众一味指责资产阶级进步党领袖,是不会有好的效果的。而拉萨尔当时既无这样的政治水平,又无这种策略思想。他没有统一战线的概念。因此,他尽管也批判了普鲁士王朝,可是普鲁士王朝的卫士们却非常欢迎拉萨尔的演说。因为他们从拉萨尔对进步党的公开指责中看出了民主阵营的分裂。这当然使容克地主们兴高采烈。拉萨尔同资产阶级进步党绝交后,一直集中攻击资产阶级代表人物舒尔采－德里奇等,这更使容克地主们拍手称快。

1863年5月7日,反动的《十字报》针对拉萨尔和舒尔采－德里奇的论战写道:"政府不应当成为这场对抗的事不关己的旁观者。如果说,政府的地位由于至今团结一致的反对派开始的分裂而得到改善,那么它现在有很好的理由在反对进步党人的斗争中获得巩固的基础,并用进步党人的错误的社会结论来证明,他们的政治前提是错误

## 第五章　拉萨尔在宪法冲突时期

的，这将是显而易见的，对许多人来说是有说服力的。"①拉萨尔和舒尔采-德里奇的论战是稍后的事，但是他同进步党的分裂却是从关于宪法的演说开始的。因此，《十字报》的幸灾乐祸反过来正好可以说明，拉萨尔在宪法冲突期间总的策略是错误的。

反动派欢迎拉萨尔关于宪法的演说的另一个原因是，拉萨尔的演说徒有革命的外观，看似激进，而实质上它无损于普鲁士封建专制制度。

例如，拉萨尔向进步党人说："不要对调和抱任何幻想，不要对旧的专制制度作任何新的妥协！而是要：手掐着脖子和膝抵着胸膛！"

如果不加分析，就会认为，这是拉萨尔的最激进的反普鲁士专制制度的言论，似乎拉萨尔宪法演说的"革命性"特别突出，在拉萨尔的思想发展上几乎是空前绝后的。于是，产生一个问题：如何解释拉萨尔在宪法冲突期间的思想表现？他在宪法冲突期间的思想同他以前的普鲁士宫廷民主主义思想和以后的普鲁士王国社会主义思想有没有联系？

---

① 《俄国财富》1898年圣彼得堡版第3期第100页。

乍看之下，会觉得这个演说简直是奇峰突起，同他前后的思想没有什么联系。可是，只要仔细分析，则不难看出它们之间的蛛丝马迹。

首先，拉萨尔向进步党建议：不要和旧的专制制度作任何新的妥协，要手掐着脖子和膝抵着胸膛。这根本不是要资产阶级推翻专制政府，不是建议资产阶级鼓起勇气来领导民主革命，建立共和国，而是要资产阶级在君主立宪制范围内对普鲁士政府施加压力，逼它让步和就范，服从议会中资产阶级多数的决议。而施加压力的方法则是议院长期停止开会，政府不让步就永远不复会，据拉萨尔说，采取这种办法就可以逼迫专政政府向"人民的伟大"投降，"向人民和议院低头"。因为在拉萨尔看来，普鲁士政府没有立宪制度，就会露出赤裸裸的专制制度的原形，而当时欧洲任何一个政府没有立宪的形式是不能进行统治的。这样，普鲁士政府迫于舆论的压力，就会作出让步，那时资产阶级就可以使政府接受自己的条件，并抛弃虚伪的立宪制度而实行真正的议会制度。

拉萨尔的这个主张是以尊重旧的法制基础和伪法统为出发点的。这恰好是庸俗民主主义的特点之一。庸俗民主主义者就是把立宪制度看得高于一切，把议会看作真正的

## 第五章　拉萨尔在宪法冲突时期

人民意志的表达者。早在1848年革命期间，拉萨尔就说过："立宪国家是普遍精神的表现，是人民总意志的表现，人民代议机构就是这种意志的体现。"看来拉萨尔的这种庸俗民主主义观点在"宪法冲突"时期也基本上没有改变。尽管他批评普鲁士立宪制度是虚伪的，是表面上的立宪制度，实际上的专制制度，可是他还是要把普鲁士立宪制度下的普鲁士众议院当作人民意志的体现者，认为它具有莫大的力量，似乎只要这个所谓代表人民的众议院决定停止开会，俾斯麦政府就会投降。拉萨尔在他所说的虚伪的立宪制度并没有废除的时候，又想靠这个虚伪的非革命的立宪制度下的议院起到革命的作用，希望这个没有力量的议院来制服有力量的政府。这真是庸俗民主主义的幻想。

至于说，只要议院宣布无限期地停止开会，俾斯麦面对空荡荡的议院大厅就会望而生畏，这倒真像黑格尔所说的通过"无"来产生一切，这实在是拉萨尔自作多情，想入非非。当俾斯麦上台的时候，威廉一世国王就问他，是否准备不顾议院大多数的反对而继续实行军事改革和整顿陆军。俾斯麦给予肯定的回答。这就是说，俾斯麦已做好了在没有议院支持的情况下继续支出军事费用的准

备。即使议院开会而不批准政府提出的军事预算,俾斯麦也要解散议院,何况停止开会。硬要赋予没有力量的东西以强大的力量,这只有拉萨尔才想象得出来。所以,马克思就这件事讽刺说:"拉萨尔是一切时代,特别是当代的最伟大政治家。"①

(三)拉萨尔关于宪法的主要论点——力量先于法,很符合俾斯麦的胃口。俾斯麦上台后发表的铁血演说就包含了这个意思。所以,普鲁士政府和俾斯麦听到拉萨尔这种观点后当然高兴。不过不像拉萨尔说的,俾斯麦是他的学生,而是拉萨尔的思想符合俾斯麦的政策。因此,尽管拉萨尔也攻击普鲁士政府,但俾斯麦并不介意。拉萨尔提出"力量先于法"这个论题,本来是要给资产阶级进步党打气,实际上却等于论证了俾斯麦政府的不法行为是合法的。由于现实的力量是在普鲁士政府一边,那么按拉萨尔的"力量先于法"的理论,俾斯麦的所作所为都是合理合法的了。这样,拉萨尔把这个论题发挥得越彻底,对俾斯麦的帮助也就越大。拉萨尔像是要从理论上帮助资产阶级进步党,反对普鲁士政府不顾议院多数的决定强行开支军

---

① 《马克思恩格斯全集》第30卷第307页。

## 第五章　拉萨尔在宪法冲突时期

费，实际上，他又在证明：俾斯麦政府有力量，所以它就有权强行支出军费。请看，这种"纯粹无条件的和无条件纯粹的理论发现"可以导致怎样荒唐的结论。拉萨尔好像要帮助进步党，可是到头来适得其反。

从这种理论也可以看出拉萨尔以后倒向俾斯麦的思想根源之一。拉萨尔是个资产阶级功利主义者，哪边力量大他就向哪边倒。当资产阶级议院在选举中一再取得胜利，人民群众的情绪倾向议院代表的时候，拉萨尔思想向左摆动了一下，发表几篇慷慨激昂的演说，既教训资产阶级又批评普鲁士政府。可是，当普鲁士政府以实力为后盾，不顾议院多数的反对继续执行军事改革的计划，而资产阶级无可奈何的时候，拉萨尔就毫不犹豫地投入有力量的俾斯麦的怀抱。

按照拉萨尔的力量先于法的理论，要制服具有反动的现实力量的俾斯麦政府，只有资产阶级同革命人民结成反对专制制度的联盟。但是，拉萨尔当时并不是人民群众的公认的代表，他没有一个强大的政党作为自己的后盾，他只是资产阶级进步党的同情者之一。因而拉萨尔本身是没有力量的。这一点容克地主的反动报纸《十字报》看得很清楚。《十字报》说："拉萨尔先生在民主党

的组织中不起卓越的作用。不管在选举中，在群众大会上，还是在示威游行中，他都没有表现出和民主派领袖的个人联系。他是一个单枪匹马、自行其是的政治鼓动家，他主要喜欢在幕后活动。"[1] 这就是说，拉萨尔在当时不过是一个没有实际力量的光杆司令，他本人没有实际力量，因而不管他发表多么激烈的演说，在普鲁士容克地主看来也不会构成对专制制度的威胁。何况他的言论起着小骂大帮忙的作用。所以，反动政府既没有对他起诉，也不去逮捕他。

最后，拉萨尔说力量先于法，可是他给资产阶级民主派秤盘上添加的力量却只是高谈阔论的演说和空洞无用的决议草案。而当他成为工人政党的首领，有可能用一支新的战斗力量去支援他所说的反对封建专制制度的民主力量的时候，他却拉着队伍投向了反动王朝一边，把一支可观的政治力量添加到俾斯麦的砝码上。《圣经·新约》上说过："凡有的，还要加给他，让他有余；没有的，连他所有的也要夺去。"主张力量先于法的"现实政治家"拉萨尔大概就是按照这个原则行事的。

---

[1] 《俄国财富》1898年圣彼得堡版第3期第99页。

## 第五章 拉萨尔在宪法冲突时期

（四）我们还要注意到，拉萨尔在关于宪法的演说中，再次流露了大德意志民族主义情绪。他说："如果你们仔细研究历史并清楚理解，你们就会相信，我国人民完成了那样巨大的和伟大的文化著作，这些著作给其余欧洲铺平了道路，是这个道路上的指路明灯，那么就不会怀疑我们民族存在的必要性和不可消灭性。"[①] 断定一个民族一定要成为别的民族的指路明灯，这已经大大超过了爱国主义的范围。如果把拉萨尔的这种思想，和他在关于费希特哲学的演说中所说的德意志民族一定会先于其他民族完成神的计划的说法加以对比，就可以看出，拉萨尔的民族主义情绪是一贯的。这种情绪对于锐意逐鹿欧洲的俾斯麦来说，不是不可以接受的。

## 六、对工人的第一篇演说——《工人纲领》

在宪法冲突时期，拉萨尔不但在资产阶级中间进行宣传，而且也在工人中间展开鼓动工作。几乎在向资产阶级进步党发表关于宪法的演说的同时，拉萨尔还向柏林郊区奥兰宁堡手工业协会的工人发表了演说，题目是《论当前

---

[①] 《拉萨尔选集》1905年圣彼得堡俄文版第2卷第47页。

历史时期与工人等级思想的特殊联系》。这篇演说后来以《工人纲领》这个正式名称出版。

这篇演说给拉萨尔带来了很高的声誉。他以后能成为全德工人联合会的主席,同这篇演说有密切关系。

一些有名的历史学家都对拉萨尔的这篇演说交口称赞,推崇备至。普列汉诺夫说:"它的内容在很大程度上是从《共产党宣言》借用来的。这说明其中唯物主义历史观占优势的原因。例如,每个时代的民法在这里被描述为经济关系的'正确反映'。像在《论宪法的实质》的演说中一样,国家政权组织和'占统治地位的公法'是用经济关系来说明的。但是,这里甚至没有提到概念的独立发展和'德意志精神'。讲演者已同唯心主义传统彻底决裂。"伯恩施坦认为,"这篇演说是一篇卓越作品。这是用非常通俗易懂的语言写成的。它表明作者真正科学地洞察了历史事件。所有阅读这一讲演的人都不能不被文中真正崇高的语言的迷人魅力所折服。可以把这篇讲演叫作工人阶级的一曲颂歌,而只要地球上一般地还存在着工人运动,那么《工人纲领》也将作为这样的歌而长期流传下去"。梅林对这篇演说更是赞不绝口。他说,《工人纲领》按自己的方式是"一部伟大的杰作,正如《共产党宣言》按自己的

## 第五章　拉萨尔在宪法冲突时期

方式是一部伟大的杰作一样。可以说，拉萨尔的《工人纲领》是反映德国状况的《共产党宣言》。现代德国学者汉斯·弗里德里奇也认为，拉萨尔在《工人纲领》中"没有采用流行的'黑格尔'观察方式去宣传《共产党宣言》的思想，所以，这一报告在工人运动再次摆脱资产阶级的过程中起了极为重要的作用"。

拉萨尔本人更是把这篇演说吹上了天。他说："我肯定地说，这本小册子不仅像其他许多著作一样，是一部阐述已经众所周知的成果的科学著作，而且它在许多方面甚至是科学的发现，是新的科学思想的发展……在我的内容丰富的无论哪一部著作中，从来没有过一行字能比这部著作从第一行起到最后一行止，更严格地合乎科学……总之，请您把这本小册子的内容看一下。它的内容不是别的，而是压缩在四十四页里面的一部从中世纪到现代的历史哲学……这是一千多年以来作为欧洲历史基础的那种客观的合理的思维过程的发展，这是内在精神的发展……"[①]

既然这么多的工人运动史名家以及拉萨尔本人都对这篇演说给予这么高的评价，这就使得我们不得不对这篇演

---

① 《拉萨尔全集》1919年柏林德文版第2卷第234—235页。

说的实际意义作一番切实的考察。

首先,拉萨尔在这个演说中讲述了各个时代更替发展的观点,指出各个时代都以不同的思想原则为指导,继第三等级(即资产阶级)之后,第四等级(即工人阶级)的思想应当成为社会统治的原则,提出"把社会最下层阶级的原则变为国家和社会的统治原则",就是说,拉萨尔以自己的语言和方式阐述了工人阶级的历史使命;其次,拉萨尔在演说中为工人阶级和劳动人民说话和鸣不平,他根据统计数字指出,有产阶级特别是资产阶级通过间接税把维持国家所需要的全部费用都摊派在贫苦人民的身上,却又把直接税作为政治统治权的标准和条件。他说:"间接税是这样一种财政制度,资产阶级利用它来实现巨额资本的免税特权并将国家经费的开支加在社会的比较贫穷的阶级身上。"① 他还引用费希特说的"卑贱程度的加深是与等级的提高成正比的",以此来证明等级越高就越不道德。他进而论证工人阶级的真正个人利益是与历史的跳动着的脉搏、与道德发展的具有推动作用的最重要的原则相一致的。因此,工人可以怀着个人的激情投身于历史发展,并

---

① 《拉萨尔全集》1919 年柏林德文版第 2 卷第 182—183 页。

## 第五章　拉萨尔在宪法冲突时期

且可以坚信，这种激情越强烈越热烈，工人也就越有道德。他得出结论说："如果第四等级统治国家，那么道德、文化和科学就必定会获得历史上空想的繁荣，其道理就在于此。"① 他向工人发出号召：

"一个等级若能意识到自己注定要成为统治的等级，意识到自己的使命在于把本等级的原则提高为整个世纪的原则、把自己的思想变为整个社会的指导思想，从而使社会本身变成自己的模样，那么，这是最值得尊敬、最合乎道德的。

"这项使命的崇高的、具有世界历史意义的光荣感应当充满你们的全部思想。被压迫者的恶习，糊涂人无所事事的寻欢作乐，甚至小人物的无辜轻率，这一切现在都是和你们不相称的。你们就是山岩，现代教堂应该建筑在这块山岩上！"②

拉萨尔以热情洋溢的语言结束自己的演说："一道紫红色的光带把天际染成血红色，预告新的一天就要来临，云雾冉冉升起，渐渐凝成一团，迎着朝霞疾奔而去，顷刻间，云雾遮蔽了光芒。但是，地球上没有任何力量可以阻

---

① 《拉萨尔全集》1919年柏林德文版第2卷第194页。
② 《拉萨尔全集》1919年柏林德文版第2卷第200页。

挡太阳缓慢而雄伟地升起。一小时以后,全世界都可以看到,太阳已经高悬天空,金光万道,温暖大地。"[1]

从1848年马克思恩格斯发表《共产党宣言》到1862年拉萨尔发表《工人纲领》,中间相隔十四年的时间。在这期间德国工人经历了漫长的欧洲反动时期。在反动时期内,由于马恩的著作被禁止,工人读不到科学社会主义的著作,平常听到和看到的都是资产阶级学者关于劳资和谐一致的宣传。在这长期闭塞封锁之后,工人们突然听到拉萨尔讲劳资之间的对立,讲上等阶级的道德低下,下等穷苦人道德高尚,并把工人阶级当作历史的主体来歌颂,称赞工人阶级就是现代教堂应该建立其上的山岩,这对当时正在为摆脱资产阶级的影响,准备建立自己独立政治组织的德国工人阶级来说,无疑起了很大的鼓舞和推进作用,因而受到工人群众的热烈欢迎。

但是,认为拉萨尔在《工人纲领》中已经同唯心主义传统彻底决裂,把《工人纲领》说成是工人阶级的一曲永恒的颂歌,像《共产党宣言》一样的伟大杰作,或者像拉萨尔自己说的,它是一部用严格科学精神写成的历史哲学

---

[1] 《拉萨尔全集》1919年柏林德文版第2卷第202页。

## 第五章　拉萨尔在宪法冲突时期

著作，则显然是夸大其词。

不错，《工人纲领》借用了《共产党宣言》的一些内容。但是，它恰好没有《共产党宣言》的无产阶级革命精神和唯物主义历史观。它把正确的东西和不正确的东西、唯心的东西和唯物的东西混杂在一起，给渴望科学指导的工人以一种似是而非的满足。

下面我们对《工人纲领》的错误的唯心主义的观点作一些概要评述。

第一，拉萨尔对整个历史本身的看法是片面的。《共产党宣言》开宗明义地指出，到目前为止的有文字记载的历史都是阶级斗争的历史。拉萨尔则抽掉了历史的阶级斗争内容，说什么"所谓历史，就是同自然的斗争；就是同贫困、愚昧、穷苦、软弱无力以及人类在历史初期遭受的种种不自由所进行的斗争。逐渐克服这种软弱无力就是历史所表现的自由的发展"[①]。

这个定义显然是片面的。不错，人类在其发展的每一个阶段，都存在着同自然的斗争，这是事实。但是，拉萨尔不了解，或者他不愿意了解，人类同自然的斗争，

---

① 《拉萨尔全集》1919年柏林德文版第2卷第196页。

都是在一定的社会发展形式中进行的，都受到社会组织形式的制约。除了原始公社阶段外，人类社会都分裂为对立的阶级。每个历史阶段的社会统治阶级在其没落阶段不但不能促进人类同自然的斗争，而且由于它束缚生产力的发展，反而妨碍人类同自然的斗争，甚至成为贫困、愚昧、穷苦的根源。只有消灭了私有制，实现了真正的自由王国的共产主义社会，才能自觉地调节人和自然的关系。

马克思在谈到这个问题时，总是把它和社会革命，和共产主义社会的美好前景联系起来。他指出："像野蛮人为了满足自己的需要，为了维持和再生产自己的生命，必须与自然搏斗一样，文明人也必须这样做；而且在一切社会形态中，在一切可能的生产方式中，他都必须这样做。这个自然必然性的王国会随着人的发展而扩大，因为需要会扩大；但是，满足这种需要的生产力同时也会扩大。这个领域内的自由只能是：社会化的人，联合起来的生产者，将合理地调节他们和自然之间的物质变换，把它置于他们的共同控制之下，而不让它作为一种盲目的力量来统治自己；靠消耗最小的力量，在最无愧于和最适合于他们的人类本性的条件下来进行这种物质变换。但是，这个领域始

## 第五章　拉萨尔在宪法冲突时期

终是一个必然王国。在这个必然王国的彼岸,作为目的本身的人类能力的发挥,真正的自由王国,就开始了。但是,这个自由王国只有建立在必然王国的基础上,才能繁荣起来。工作日的缩短是根本条件。"马克思还指出:"就劳动过程只是人和自然之间的单纯过程来说,劳动过程的简单要素是这个过程的一切社会发展形式所共有的。但劳动过程的每个一定的历史形式,都会进一步发展这个过程的物质基础和社会形式。这个一定的历史形式达到一定的成熟阶段就会被抛弃,并让位给较高级的形式。"[①]

可是,拉萨尔向工人谈论历史,只强调历史是人同自然、同贫困等进行的斗争,而不指出,只有消灭不合理的剥削制度,人类才能最有效地征服自然,自觉调节人和自然的关系,才能最终消灭贫困、愚昧和软弱无力。不指出这一点,就必然使工人阶级的斗争失去明确的方向和目标。

第二,拉萨尔完全唯心地、从超阶级的观点来看待国家。他不仅不向工人指出,剥削阶级的国家是人们同自然和贫困作斗争的障碍,相反地,他认为,"国家的使命就

---

[①] 《马克思恩格斯文集》第 7 卷第 928—929、1000 页。

在于实现这种自由的发展,实现人类向自由的发展。国家是个人在一个道德整体中的统一……国家的宗旨就是使人的本质能够积极地发展和不断地完善;换句话说,就是真正实现人的使命,即实现人类所能够达到的文化;国家的宗旨就是教育和推动人类走向自由"[1]。拉萨尔认为,这就是国家的真正的道德本质,工人阶级应该把实现国家的这种道德本质作为自己的使命。

这种国家观点是从费希特、黑格尔那里抄袭来的,是彻头彻尾唯心主义的,它连一点历史唯物主义的影子也没有。这是拉萨尔机会主义的核心,他以后投靠普鲁士王朝,赋予容克地主反动国家以解放工人的崇高历史使命,都同他的这种观点分不开。普列汉诺夫等在评论《工人纲领》时忽视这个要害问题而认为唯物主义历史观在其中占优势,是不符合实际的。

第三,拉萨尔既然把阶级斗争排除于历史之外,把国家看作超阶级的机关,那么他鼓吹阶级调和就毫不奇怪了。他指出,工人等级"同全人类是一致的。它的事业真正是全人类的事业,它的自由是人类本身的自由,它的统

---

[1] 《拉萨尔全集》1919年柏林德文版第2卷第197—198页。

## 第五章 拉萨尔在宪法冲突时期

治是一切人的统治"。他说:"呼吁以工人等级的思想作为社会的统治原则,这绝不是号召社会各阶级相互分裂和分离;相反地,这是和解的呼声,这是对整个社会的呼声,是消除社会集团之间的一切对立的呼声;这是团结的呼声……这是仁爱的呼声,它一经从人民心里迸发出来,便永远是人民的真正呼声,而且就其内容来说,甚至当它作为人民的战斗号召的时候,它也仍不失为仁爱的呼声!"①

这个问题是一切机会主义的通病。在阶级对立、激烈的阶级斗争存在的情况下,在工人阶级还没有实现社会主义革命来消灭阶级和阶级斗争的情况下,当资产阶级自己不但不感到有任何解放的需要,而且全力反对工人阶级的自我解放的时候,侈谈工人阶级的事业是全人类的事业,呼吁各对立的阶级团结、和解、仁爱,只能葬送工人阶级的解放事业。恩格斯曾经指出:"1789年的法国资产者也曾宣称资产阶级的解放就是全人类的解放;但是贵族和僧侣不肯同意,这一论断——虽然当时它对封建主义来说是一个无可辩驳的抽象的历史真理——很快就变成了一句纯粹是自作多情的空话而在革命斗争的火焰中烟消云散了。

---

① 《拉萨尔全集》1919年柏林德文版第2卷第186—187页。

现在也还有这样一些人，他们从不偏不倚的高高在上的观点向工人鼓吹一种凌驾于一切阶级对立和阶级斗争之上的社会主义，这些人如果不是还需要多多学习的新手，就是工人的最凶恶的敌人，披着羊皮的豺狼。"①

恩格斯的这段话是1892年针对德国工人运动中的机会主义者说的。如果考虑到当时德国工人运动中的机会主义者多半都是拉萨尔主义的继承者，那么这些话似乎也可以运用到拉萨尔本人身上。

第四，拉萨尔在《工人纲领》中把普选权绝对化。他说："人民必须永远把普遍的和直接的选举权看作自己不可或缺的政治武器，看作他们的最根本最重要的一项要求。"②

普选权对于工人阶级的政治斗争具有重要意义，是工人阶级的政治武器，不参与选举或因为它是旧国家范围内的斗争手段而放弃政治活动，不去利用这个武器，是无政府主义思想，因而是错误的。但是，把普选权美化为人民的"最根本最重要的要求"，就是要人们忘记第二帝国的教训，忘记路易·波拿巴怎样在有利的条件下

---

① 《马克思恩格斯选集》第4卷第276—277页。
② 《拉萨尔全集》1919年柏林德文版第2卷第188页。

## 第五章 拉萨尔在宪法冲突时期

把普选权变为压迫群众的工具，因而归根到底是欺骗工人阶级。把普选权绝对化正是构成拉萨尔机会主义的核心思想之一。

第五，拉萨尔在谈到各个时代的发展和变化时，借用了《共产党宣言》中的一些思想。他也在谈论"生产""分工""商品""地产""贸易""需求""世界市场"等，甚至还谈到"革命既然存在于社会内部、存在于社会的实际关系中，那么它就一定会出现，一定会进入法典"。乍看起来，拉萨尔确实像在运用唯物史观来分析社会现象，好像拉萨尔已经放弃了概念的独立发展的唯心主义观点，而站在了经济决定论的立场上。这是假象。实际上拉萨尔并没有放弃他的法意识决定社会存在的唯心主义观点。在具体地分析和解释贵族和资产者的阶级形成的时候，他就抛弃了经济决定论，而鼓吹政治决定论。他认为封建主之所以为封建主，资产者之所以为资产者，并不是由他们的经济地位决定的，而是由他们的政治状况决定的。

拉萨尔这样说："如果贵族待在自己家里，为自己的祖宗和自己的地产而洋洋得意，那么市民是概不过问的。倘若贵族凭借他的祖宗或地产，要求在国家中享有特殊地

位和特权,并以此要求享有支配国家意志之权,那么市民就要对贵族产生愤怒,称他为封建主。"对于资产阶级,拉萨尔也是用这把尺子来衡量的。他说:"大市民待在自己家里,享受巨额资产给他带来的种种舒适和好处,那是再简单、再自然和再正当不过的了……但是,如果大市民不满足于巨额财产给他带来的实际的舒适,还想以自己的资产即资本作为参加国家统治、参与决定国家意志和国家宗旨的条件,那么他就变成资产者,就把占有财产这一事实变成参加政治统治的权利条件,就表明自己是人民中新的特权阶级,正像前面谈到的中世纪的贵族利用地产特权所做的那样,这个等级企图给各种社会制度打上自己特权的统治烙印。"①

很明显,拉萨尔在这里宣传的是道地的唯心主义的政治决定论。按照这种理论只能混淆阶级阵线,使工人阶级无法正确决定自己的斗争策略。

拉萨尔是熟知《共产党宣言》的,他不是忘记了就是有意不去领会马克思恩格斯提出的如下原理:现代国家无非是管理资产阶级共同事务的委员会。拉萨尔不懂得,一

---

① 《拉萨尔全集》1919年柏林德文版第2卷第173—174页。

## 第五章　拉萨尔在宪法冲突时期

般说来，不是资产者由于参与决定国家意志才变成资产者，而是资产者成为资产者后必然要参与决定国家意志，因为资产者的意志也就是资产阶级国家的意志，国家作为阶级统治的工具并没有自己的独立的道德本质。可见拉萨尔的根深蒂固的超阶级国家观点使他已经不能真正接受历史唯物主义的基本原理了。

第六，这种超阶级的国家观点归根结底必然引导工人阶级和现存的剥削制度妥协调和。拉萨尔说，工人"有权要求国家全心全意地改善劳动阶级悲惨的、贫困的物质境遇"，等等，"但是，工人永远不能忘记，而且永远也不会忘记：一切既得的、合法的财产，都是完全不可侵犯的和正当的"。[①]

拉萨尔《工人纲领》的一切革命的外观在这个定义面前都顿然消逝了。试问，在反动的法制存在的情况下，剥削阶级对劳动人民的剥削和掠夺，哪一宗不是在法律的掩盖下进行的呢？哪一件不合乎伪法统？

前面一开始我们就指出，拉萨尔谴责有产阶级的不道德行为，抨击它们通过间接税把国家开支的负担加在

---

① 《拉萨尔全集》1919年柏林德文版第2卷第174页。

被压迫的贫苦阶级身上,替被压迫者说了话,从而赢得工人的欢迎。可是,间接税在伪法统存在的情况下,也是依"法"征收的,从劳动人民的消费品上征收了间接税,从而减少了有产阶级的直接税,也等于增加了有产者的财富。根据资产阶级国家的法制,这种财富也完全是合法的。照拉萨尔的看法,这当然也是"完全不可侵犯的和正当的"了,也就是合乎道德的了。请看,按照拉萨尔的逻辑,他所谴责的不道德行为到头来又成了合乎道德的行为。这是拉萨尔的超阶级的唯心主义法学观点必然产生的逻辑混乱和矛盾。没有唯物史观,即使像拉萨尔这样蜚声学术界的学者、名驰政界的能言善辩的大演说家,也摆脱不了这种混乱和矛盾。表面上是剥削制度的批判者,骨子里又是剥削制度的维护者,这就是拉萨尔所起的作用,也是拉萨尔主义的实质。

第七,最后,我们还要指出在《工人纲领》中对农民问题的反动观点。

拉萨尔把1824年爆发的伟大的德国农民战争诬蔑为反动的运动。他说:

"(德国农民运动)表面上是具有很大革命坚定性的农民运动,实质上是反动透顶的,也就是说,农民运动所维

## 第五章　拉萨尔在宪法冲突时期

护的不是新的革命原则，相反地，它不知不觉地实质上完全是维护旧的原则，维护保持现状的原则，维护日益没落的时代的原则。农民运动之所以失败，就是因为它自以为是革命的，实际上是反动的。

"无论农民起义还是贵族起义（弗兰茨·冯·济金根），它们追求的原则都是共同的，即比以往更加彻底地根据地产参加国家统治。可是与此相反，当时日渐强盛的诸侯权力却代表了不以地产为转移的国家主权的思想，维护了不以私有财产关系为转移的国家观念，因为它往往是一种更公正的和更革命的因素。因此，它就能够顺利地发展，并且把农民运动和贵族运动镇压下去。"①

拉萨尔实际上在这里是不指名地和马克思论战。因为早在50年代末马克思就批评拉萨尔写的《弗兰茨·冯·济金根》剧本忽视革命的农民运动。拉萨尔不仅不接受马克思的正确批评，在这里更进一步论证自己的错误观点，并干脆一股脑儿地把所有农民运动宣布为反动的。

拉萨尔的唯心史观在这里又一次大暴露。他不是按照当时的阶级斗争和经济发展情况去实事求是分析历史事件，而是按照他自己设计的先验的公式和框框去剪裁历

---

① 《拉萨尔全集》1919年柏林德文版第2卷第153—154页。

史。他认为,每一个时代的发展都是以新的原则代替旧的原则。中世纪的原则是地产占有,这是旧的原则;近代的原则是工业和资本占有,这是新的革命原则。只有以这种近代的新的原则去代替中世纪的旧原则才是进步的。据拉萨尔说,农民运动维护日益没落的、即将灭亡的时代的地产占有的原则,因而是反动的。这纯粹是按形而上学的公式进行的推论。

当时存在着专横的教会、农奴制、贵族特权、高额徭役和赋税、专横的司法和行政制度,这些东西不但压迫着农民,而且阻碍着生产力的发展,农民运动的矛头对着这些落后的东西,完全体现了历史上的进步。拉萨尔轻易地否定了整个农民运动,无疑是一个极大的错误。至于说"诸侯权力代表了不以地产为转移的国家主权的思想,维护了不以私有财产关系为转移的国家观念,因而往往是一种更公正的和更革命的因素",则近乎唯心主义者的热昏胡话。诸侯权力的大小恰好是与他们的封地的大小和财产的多少成正比的。当他们失去了地产和财产时,国家主权的思想对他们来说也就成为一种空幻的"观念",国家也就不是他们的工具了。这种荒唐论点显然又是拉萨尔的超阶级的伦理道德国家观念作祟的结果。

### 第五章 拉萨尔在宪法冲突时期

拉萨尔否定农民运动的观点以后发展成关于"反动的一帮"的思想,成为拉萨尔机会主义体系的组成部分。

综上所述,可以得出结论:认为拉萨尔的《工人纲领》与唯心主义传统彻底决裂是不符合实际的,把《工人纲领》和《共产党宣言》相提并论是不恰当的。正如马克思所指出的,《工人纲领》"无非是把《共产党宣言》和其他我们时常宣传的、在某种程度上已成为口头禅的东西卑劣地加以庸俗化而已"①。

德国工人运动的悲喜剧因素在于,德国工人当时在《工人纲领》中看出了它所没有的东西,给里面加进了自己所希望的东西。正是这种历史的误会把拉萨尔推上工人运动的领导岗位。

## 七、拉萨尔和马克思的两次谈判

前面我们谈到19世纪50年代末马克思和拉萨尔进行过四次争论,批评拉萨尔的错误观点。这四次争论都是用通信的方式进行的。到60年代初,拉萨尔还利用机会同马克思进行过两次谈判,面对面地交换意见。

---

① 《马克思恩格斯全集》第30卷第320—321页。

第一次谈判是1861年初在柏林进行的,谈判的主题是办报问题。

1861年1月29日,拉萨尔曾向马克思恩格斯建议在柏林合办一份报纸,来指导重新兴起的德国工人运动。同年8月马克思回德国探亲,会见了拉萨尔。拉萨尔热情地接待了马克思,同时再次提出共同办报的问题,并就这个问题同马克思进行了谈判。

马克思认为在德国没有无产阶级的喉舌的情况下,能出版一份报纸或周刊"很合时宜",是"最好的事情"。关键是报纸由谁主编,如何使报纸坚持无产阶级性质。

拉萨尔向马克思提出条件:他必须同马克思一起担任总编辑。

马克思问拉萨尔:"那恩格斯呢?"

拉萨尔回答说:"行啊,三个人如果不算多,恩格斯也可以担任总编辑。不过,你们两个人的表决权不能比我一个人的大,否则我每次都将是少数。"

拉萨尔的意思很清楚,他要同马克思恩格斯一起来共同领导报纸,并且要具有否决权。拉萨尔很像个资产阶级生意人,把自己当作一件奇货可居的商品,同马克思讨价还价。他向马克思说明他要参与报纸领导的理由:他在一

## 第五章　拉萨尔在宪法冲突时期

般人看来比较接近资产阶级政党，因此可以比较容易地弄到钱；此外，他势必要牺牲自己的"理论研究"和从事这种研究所必需的安静，为此他需要"某种补偿"；等等。拉萨尔还向马克思补充说："不过，如果你们不同意，那我今后还是像现在一样，仍然准备在钱和写作方面帮助这个报纸，这对我甚至更有利，因为我可以从报纸那里得到一切好处，而不用为它承担任何责任……"①

拉萨尔的这种态度和要求，不仅说明他狂妄自大，毫无自知之明，还暴露了拉萨尔是个资产阶级利己主义者。他把个人利益作为衡量参加革命工作多少的尺度。这证明在反动年代共产主义同盟盟员批评他缺乏共产主义热情和为工人事业的献身精神，是完全正确的。

其实，拉萨尔对领导权斤斤计较，还有他不可告人的想法。他想借助马克思恩格斯的威望来领导德国工人运动，同时又不要马克思恩格斯的监督，把报纸完全置于自己的控制之下，以便宣传他那一套庸俗民主派的主张。

马克思非常清楚拉萨尔的诡计，认为如果让拉萨尔不受监督地主持报纸，只能给无产阶级革命事业带来危害。

---

① 《马克思恩格斯全集》第30卷第163页。

马克思向恩格斯谈了同拉萨尔一起办报的危险性。他说："出版周报可能是最好的事，但是另一方面，我们却要冒很大的风险，因为我们这位朋友是轻率的，他一坐在那里当主编，就随时能给我们大家招来麻烦！他自然会马上使报纸具有党的机关报的性质，而我们将不得不为他的一切蠢事承担责任，并且使我们在德国的地位还来不及重新争得以前又遭到破坏！对此应当十分认真地予以考虑。"① 在另一封信里，马克思又说："拉萨尔可以在有严格纪律的条件下当一名编辑。不然他只会给我们丢脸。"② 马克思恩格斯拒绝了拉萨尔的狂妄要求，拉萨尔的诡计失败了。

第二次谈判是1862年7月在伦敦进行的。争论的焦点是关于拉萨尔宣传鼓动的性质问题。

在办报问题上的诡计失败后，拉萨尔仍不死心。他还想借用马克思的旗帜来贯彻自己的主张。1862年7月，拉萨尔趁到伦敦参观国际博览会的机会会见了马克思。他又向马克思提出了共同领导新的德国工人运动的问题，拉萨尔向马克思谈了他准备在工人中间进行宣传鼓动的计划，妄图取得马克思的支持。但是，这一次拉萨尔又失算了。

---

① 《马克思恩格斯全集》第30卷第156页。
② 《马克思恩格斯全集》第30卷第164页。

## 第五章 拉萨尔在宪法冲突时期

他的机会主义宣传鼓动计划立刻遭到马克思的严肃批驳。马克思向拉萨尔指出，他的宣传计划的中心点，即由国家帮助工人建立合作社的计划是错误的。幻想由普鲁士国家来实行帮助而反对自助，必然要向普鲁士君主制、普鲁士反动派、教权派屈服，使工人接受反动派的监督，把工人变成反动派的工具。这种"救世良方"不过是重新提出了法国天主教社会主义者毕舍为反对法国的真正的工人运动而于 1843 年提出的反动口号而已。至于拉萨尔要把宪章派的普选权口号同毕舍的国家帮助结合起来，马克思更认为是错误的。马克思向拉萨尔指出，他忽略了德国和法国的条件不同，忽略了法兰西第二帝国在普选权问题上的教训。拉萨尔把这两个要求看作"能为群众医治百病的万应灵丹"，把它作为工人运动的纲领，从而使他自己的鼓动从一开始就带有宗教的、宗派的性质。马克思认为，拉萨尔"不是从阶级运动的实际因素中去寻找自己的鼓动的现实基础，而是想根据某种教条式的处方来规定这一运动的进程"①。

拉萨尔拒不接受马克思的批评帮助，固执己见，坚持

---

① 《马克思恩格斯选集》第 4 卷第 371 页。

他的错误路线。马克思也进一步认识到,拉萨尔有很大的个人野心,他力图把工人运动置于自己控制之下,想充当工人阶级的救世主。因此,马克思拒绝同拉萨尔搞政治合作。马克思说:"我们在政治上,除了某些非常遥远的终极目的以外,没有任何共同之处。"①

马克思对拉萨尔有个认识过程。马克思从1848年认识拉萨尔到1862年,经过了十四年的交往、接触、通信、考验,对拉萨尔进行过多次的鼓励、帮助、教导、批评以至斗争,作过长期的容忍和等待,总希望他能弃旧图新,改弦更张,接受无产阶级的世界观。但是,马克思的这一切努力都付之东流,拉萨尔的资产阶级世界观已经根深蒂固了。通过伦敦谈判,马克思深信拉萨尔势难改造,不可救药,便从1862年年底起同拉萨尔断绝了书信来往,同时密切注意着德国工人运动的发展和拉萨尔的活动。

拉萨尔通过伦敦会见,也确信自己无隙可乘,马克思难为己用。他回德国后便单独干了起来,按照他的机会主义方针进行宣传鼓动,同马克思主义相对抗。马克思说,拉萨尔"在给我的信(从1848年到1863年)中像同我会

---

① 《马克思恩格斯全集》第30卷第272页。

面时一样,老说他是我所代表的党的追随者。但是,一当他在伦敦(1862年底)确信,他对我不能施展他的伎俩,他就决定以'工人独裁者'的身份来反对我和原来的党"①。

## 八、受审和辩护

1862年底和1863年初,正是德国工人积极准备建立自己的独立的政治组织的关键时刻,资产阶级和容克地主阶级都极力阻止德国工人运动的这一历史进程,阻止德国工人阶级的觉醒。

在这种政治形势下,拉萨尔回到德国后,迎接他的是一系列诉讼。柏林刑事法院就《工人纲领》对拉萨尔起诉,指控拉萨尔煽动对资产阶级的仇恨和蔑视政府。《工人纲领》像我们在前面所分析的,尽管有一些激进的言辞,实质上它是很温和的。工人们从中看出了其中所没有的激进性,而反动派则赋予了它过高的革命性,把它看作危害社会治安的蛊惑言论。其根本原因在于,当时工人阶级逐渐苏醒起来,要独立地干预政治这种形势,使得反动政府十分惊恐。如果说,拉萨尔在关于宪法的演说中用极

---

① 《马克思恩格斯文集》第10卷第219页。

其激烈的言辞攻击旧的专制制度，普鲁士政府不仅没有指控拉萨尔，还予以赞扬，那是因为拉萨尔是个光杆司令，不足为害，何况他当众揭露资产阶级进步党领导人软弱无力，客观上有利于容克地主政府。与之相对，《工人纲领》是向广大工人讲的，他的关于工人阶级的思想应该成为统治思想的说法虽然在理论上不合乎唯物史观，却对正在觉醒起来为自己的阶级利益而斗争的工人起到了火上加油的作用。此外，拉萨尔向工人发表鼓动演说，意味着这个理论家又开始和工人运动建立联系。政府清楚，这可能形成一种实际的力量。所以，尽管拉萨尔的演说实质上很温和，仍然引起政府的不安，以致不得不通过法律来制裁他。

拉萨尔自己出庭为自己辩护，辩护词后来以《科学和工人》的书名出版。拉萨尔在辩护词中极力否定他所说的工人阶级的思想统治是号召革命，声明他不是号召仇恨和蔑视资产阶级，而是号召妥协。他说："我要工人等级同资产阶级在历史上的统治妥协，同时我指出这种统治在客观上的合理性。我以此让它妥协，因为我理解束缚着我们的东西的合理性，这是最高的妥协。"最后，拉萨尔呼吁："我们，资产阶级和工人，都是一个民族中的成员，都是

## 第五章　拉萨尔在宪法冲突时期

完全一致地反对我们的压迫者的！"[①]

尽管拉萨尔作了上述声明，法院还是判决他四个月徒刑和赔偿诉讼费用。拉萨尔不服，向高等法院上诉。拉萨尔把上诉书写成论文，题为《间接税和工人阶级状况》，在开庭以前出版。一直到1863年10月，高等法院才把柏林法院判处拉萨尔四个月徒刑的判决改判为罚款一百塔勒。

拉萨尔的这篇辩护词除论述间接税的影响的个别地方外，没有多大科学价值，但它是研究拉萨尔的思想发展和转变的极为重要的材料。

在前一篇辩护词中，拉萨尔还号召工人和资产阶级一起来反对共同的压迫者容克地主。在这一篇辩护词中，拉萨尔则来了个一百八十度的大转弯，呼吁和法官一起反对现代的野蛮人资产阶级。拉萨尔向法官们大声疾呼："先生们，不管我们之间有多么大的分歧，在反对取消一切道德这点上，我们是手携手站在一起的！我和你们一道保卫自古以来一切文明的威斯塔[②]火焰——国家，反对那些现代

---

[①]《拉萨尔全集》1919年柏林德文版第2卷第258页。

[②] 威斯塔是罗马神话中的灶神，她照管从特洛伊城取来的圣火。传说如果圣火熄灭，就被认为是民族的灾难。

的野蛮人！"①

拉萨尔的这一席话表明，1863年2月他已做好了投靠普鲁士政府的思想准备，同俾斯麦结成实际的反资产阶级同盟只不过是时间而已。

拉萨尔的这种思想转变绝不是偶然的。这是他的实用主义的、庸俗民主主义的"现实"政治观点发展的必然结果。关于这一点，马克思在看了《间接税和工人阶级状况》这篇东西后深刻地指出："这家伙之所以这样叫嚷，完全是出于一种虚荣。1859年这一年他完全属于普鲁士自由资产阶级政党。现在他显然认为在政府的庇护下抨击'资产者'比抨击'俄罗斯人'对自己更为合适。斥骂奥地利人和赞美意大利，正像对俄罗斯人保持沉默一样，向来是柏林人的特点，也就是这个勇敢的好汉所做的。"②

投靠强者攻击弱者，对拉萨尔当然万无一失。除了这种政治上的投机以外，拉萨尔的唯心主义国家观点也必然一步步引导他走上投靠普鲁士王朝的道路。这种观点在他的这篇辩护文章中再一次清楚地表现出来。拉萨尔说："我认为国家具有一个崇高的伟大的使命：要扶植人性的

---

① 《拉萨尔全集》1919年柏林德文版第2卷第485页。
② 《马克思恩格斯全集》第30卷第352—354页。

## 第五章　拉萨尔在宪法冲突时期

幼芽，就像它有史以来就曾这样做了，而且将永远做下去的那样；要做为一切人而存在的机关，把一切人的状况置于自己的保护之下。"拉萨尔把专制制度看作这种崇高使命的体现者。他说："专制君主由于自己的地位，是置身于一切阶级对立之外，高踞于社会和一切社会利益之上的，他至少可以尽其可能献身于普遍的利益，绝大多数人的利益。至于他是否这样做以及做到什么程度，这取决于个人见识、才能和性格倾向等不同情况。他至少可以这样做，而且他的地位促使他必须这样做。所以，事实上，旧的专制制度及其兴旺时代的格言是：什么也不通过人民，一切为了人民！"[①] 在阶级对立的社会中，保护一切人的国家机关是不存在的；置身于一切阶级对立之外，高踞于社会和一切社会利益之上的专制君主也是从来没有过的。历史上盛世的有作为的君主在一定的条件下也会采取一些客观上有利于人民的措施，君主的见识、才能和性格对于采取这类措施当然也起一定的作用。但是，这一切都是在有利于他的阶级利益和统治的前提下进行的。认为专制君主的一切所作所为都是"为了人民"，是美化专制制度，专制制

---

① 《拉萨尔全集》1919年柏林德文版第2卷第484、472页。

度即使在其兴旺时代也不是如此。

拉萨尔对专制制度是这样的一往情深，而把无产者实质上只看作一种不懂文明和科学的破坏力量。他这样表明他对无产者的看法："一个人以浮士德那样的求知欲，以最顽强最严肃的孜孜不倦的精神，研究了希腊哲学、罗马法、各门历史科学，一直到现代的国民经济学和统计学，诸位可以严肃地想一想，难道他愿意塞给无产者一个火把，好让他来烧毁这一长期的全部研究成果吗？"[1]

那么，拉萨尔向工人发表演说究竟想干什么呢？他回答说："我争取建立自愿的工人合作社，不过我把争取合作社同争取普选权联系起来，因为我争取的是慷慨助人、促进文明的国家庇护之下的合作社，我认为，只有这样的合作社才是可能的和现实的！"[2] 说穿了，拉萨尔就是让工人在旧制度的范围内谋取一些改良，不要去破坏现实，不要触动剥削制度。

认为争取到普选权和在地主资产阶级国家帮助下建立合作社，就可以解放工人阶级，这是拉萨尔主义的主旨，也是拉萨尔的幻想。至此可以说，拉萨尔主义已基本上形

---

[1] 《拉萨尔全集》1919年柏林德文版第2卷第483页。
[2] 《拉萨尔全集》1919年柏林德文版第2卷第484页。

## 第五章 拉萨尔在宪法冲突时期

成。他以后的一切文章和演说只不过是搬用各种资产阶级学者的言论，从各种不同的角度来阐述这些观点罢了。

从整个前面的介绍来看，拉萨尔的哲学、法学、社会观点中没有多少社会主义和唯物主义的东西，科学社会主义的东西则根本没有。那么，德国工人当时为什么又把拉萨尔当作救世主来欢迎呢？为什么要请这个没有科学社会主义思想的人来领导社会主义运动呢？这个问答也只能从当时的历史情况中得到回答。下一章我们来探讨，拉萨尔是怎样被请出来领导19世纪60年代重新兴起的德国工人运动的。

# 第六章

# 拉萨尔和德国工人建立独立政党的斗争

## 第六章　拉萨尔和德国工人建立独立政党的斗争

### 一、工人发起建党

在宪法冲突激化的时期,德国各个阶级都在建立自己的政党,以便更有效地保卫本阶级的利益。

王权的拥护者和封建反动分子于1861年9月成立了普鲁士国民联盟。这个反动组织的纲领是:团结在普鲁士国王周围,反对议会制度和共和国思想。

普鲁士资产阶级左派则于1861年6月建立了进步党。它在自己的纲领中提出:在普鲁士领导下统一德国,召开全德议会,建立对众议院负责的强有力的自由派内阁。

德国工人阶级从共产主义者同盟解散以后,一直没有自己的独立政党。它一般都是参加资产阶级主办的教育协会等团体的活动。宪法冲突期间,国内日益尖锐的政治斗争推动了工人运动的苏醒。工人认为自己不能对当前的政治斗争袖手旁观。他们要为自身的阶级利益而斗争,而不愿意再做资产阶级的尾巴。根据以往的斗争经验,工人深深懂得要为本阶级的阶级利益而斗争,就必须摆脱资产阶级的监护,建立自己的独立政党。德国工人为实现这个重大政治目的积极展开了活动。

工人瓦尔泰希和弗里茨舍在 1861 年 2 月 19 日工艺联合会的大会上要求建立不依赖资产阶级的工艺联合会而独立的工会,其主要任务是进行政治宣传。工人的建议虽然没有被通过,但是瓦尔泰希、弗里茨舍和倍倍尔被选入教育协会委员会。

教育协会当时是一个有工人参加的资产阶级组织。其中二十四个委员分为两派,一派是瓦尔泰希、弗里茨舍和他们的同志,另一派是自由资产阶级的代理人。两派在协会的性质问题上经常斗争。不久,瓦尔泰希、弗里茨舍和他们的拥护者退出教育协会,组织了一个"前进"协会。协会的主要工作是组织群众性的工人大会和群众大会,讨论政治问题,如对保守党和进步党的态度、对宪法冲突的态度问题等。在"前进"协会组织的工人会议上还常常提出召开全德工人代表大会的问题,议论迁徙自由、职业自由和实施普选权的问题。在"前进"协会组织的一次大会上,选出了一个筹备召开全德工人代表大会的委员会,一般简称为莱比锡委员会。莱比锡委员会公开提出的口号是讨论迁徙自由、职业自由等问题,实际目的是要建立一个代表工人利益的独立组织。这是 19 世纪 60 年代德国工人为建立自己的独立政党的开始,倡议者是工人自己。

## 第六章  拉萨尔和德国工人建立独立政党的斗争

当时工人的斗争策略基本上是正确的。他们一方面为建立自己的独立政治组织而斗争；另一方面，他们认识到在宪法冲突期间工人应当支持资产阶级进步党人反对普鲁士反动政府的斗争。

不久后，柏林、纽伦堡、汉堡及德国其他城市的工人也提出了召开全德工人代表大会的要求。

与此同时，资产阶级想极力拉住德国工人，不让它分离出去。为此，资产阶级的民族联盟拨款支持工人派代表参观在伦敦举行的世界工业博览会。工人代表中有油漆工人艾希勒。代表团团长是资产阶级进步党人麦克思·维尔特。维尔特想控制工人代表，引导他们去参观英国资产阶级为工人建立的机构。可是，工人代表不顾维尔特的反对，访问了威·李卜克内西领导的伦敦德意志工人协会，同该会的会员以及英国工人会见。这对德国工人代表起了很大的影响。

1862年8月25日。柏林举行工人大会，听取了赴伦敦参观的工人代表的报告并通过一项决议：召开全德工人代表大会，并选出了以艾希勒为首的二十五人委员会。资产阶级想阻止工人独立召开工人代表大会的企图失败了。

刚刚上台的俾斯麦也妄图插手正在兴起的独立的工人

运动。他把筹备召开全德工人代表大会的柏林委员会主席艾希勒收买过去,想通过他把工人运动拉到普鲁士政府一边。1862年10月底,艾希勒到了莱比锡,表面上是为了同莱比锡委员会建立联系,实际上是执行俾斯麦政府给他的任务。他开始向工人们游说,说什么工人从进步党那儿得不到什么,应该相信俾斯麦,俾斯麦打算实行普选权和拨出资金来帮助工人建立生产合作社。工人识破了艾希勒的反动面貌,揭露他是俾斯麦的特务,把他清除出工人运动。这件事情说明德国先进工人起初革命警惕性是相当高的。

1862年11月2日,柏林工人再次举行大会,讨论即将来临的全德工人代表大会的问题。莱比锡工人代表瓦尔泰希、弗里茨舍也出席了这次大会。工人代表发言强调,在资产阶级进步党人和俾斯麦反动政府之间的斗争中,工人今后仍应支持进步党人,但进步党也必须注意工人的要求。大会决定在莱比锡召开全德工人代表大会,并委托莱比锡委员会进行大会的实际筹备工作,把莱比锡委员会改名为莱比锡中央委员会。它在普鲁士法律禁止工人政治联合和工人团体来往的情况下,克服重重困难,积极地进行着筹备代表大会和建党的准备工作。

## 第六章 拉萨尔和德国工人建立独立政党的斗争

莱比锡中央委员会号召工人在各地方和各大城市建立地方委员会，组织报告会和讲演会，解释召开代表大会的意义，唤起工人的普遍政治兴趣，请各地方委员会和中央委员会建立联系和报告筹备工作进展情况，并要求它们派出代表出席将在1863年举行的全德工人代表大会。

从以上简介可以看出，德国工人在19世纪60年代初的建党活动最初进行得比较顺利，也很有章法，指导思想、策略观点都是正确的。尤其是在当时没有自己报刊的困难情况下，筹备委员会能注意发动群众来讨论当时面临的各种政治问题，把召开代表大会的必要性和重要性的思想灌输到工人群众中去，以便统一思想，为建立群众性的工人政党打下坚实的思想基础。

可以预料，当时如果按先进工人的设想做下去，一定能建立一个既独立于资产阶级又支持资产阶级反对封建专制制度的工人政治组织，只是由于拉萨尔的出现，工人已经开始的正确的工作才被打断并被引上了错误的道路。

### 二、拉萨尔被请出来领导工人运动

拉萨尔究竟是怎样被工人当作救世主请出来"救渡众生"的呢？实际情况是这样的：

莱比锡中央委员会在筹备全德工人代表大会的过程中，认为有必要阐明行将建立的工人组织的任务。当时莱比锡的先进工人阶级觉悟绰绰有余，而理论修养则很不够。他们只是本能地认识到无产阶级必须维护本阶级的独立的利益，同时在宪法冲突时期，在资产阶级和容克地主阶级的斗争中还应当支持资产阶级。因为资产阶级从封建反动派那里取得的胜利，在一定条件下也有利于工人。为了工人阶级更容易进行政治活动，他们也提出过实施普选权的要求。但是，要结合当时的政治形势把德国工人的现实要求和未来任务用纲领的形式从理论上加以阐述，工人感到力不从心。当时，马克思恩格斯和其他无产阶级革命家都不在国内，马恩的著作（特别是《共产党宣言》）由于在反动年代被禁止，工人又没有看到。在这种情况下工人代表便找到了拉萨尔。

拉萨尔一般被看作是接近马克思的。拉萨尔也经常拿马克思的信在工人中间炫耀。特别是拉萨尔由于1862年4月发表了《工人纲领》的演说而在工人中享有一定的声誉。拉萨尔的朋友列维于1862年11月特意把《工人纲领》这本小册子推荐给瓦尔泰希和弗里茨舍。于是，莱比锡中央委员会把拉萨尔的这个小册子发到工人中间进行讨论。

## 第六章　拉萨尔和德国工人建立独立政党的斗争

莱比锡以及德国其他城市的工人大多数基本上同意拉萨尔的《工人纲领》。因为多年来工人听到的和读到的都是资本和劳动的谐和一致的论调。进步党理论家舒尔采-德里奇反复宣传的则是：资产阶级提倡的工人自助合作社和资产阶级办的工人教育团体是工人的救星。而拉萨尔的小册子则指出了工人的贫困状况，谈到上层等级和下层等级的对立，认为工人等级的思想应该成为统治思想，工人是建立现代教堂的山岩，等等，而且提出了普选权的要求。这一切当然使工人感到欣慰和高兴，觉得《工人纲领》表达了他们的愿望。对于拉萨尔的《工人纲领》中的种种错误的保守思想以及反动的观点，工人或者是无力识别，或者是没有注意和疏忽了。这样一来，正像一位撰写拉萨尔传记的作者所说的，拉萨尔的《工人纲领》推动了工人运动，而社会主义思想则被抛弃了。

莱比锡委员会基于工人对《工人纲领》的这种认识，决定同它的作者建立联系。1862年12月4日，瓦尔泰希、弗里茨舍和达麦尔代表委员会给拉萨尔写信，请拉萨尔出来领导运动。信中这样说：

"我们，下面签名的三个人，作为委员会的成员正在认真考虑一件事：我们仅仅需要在德国寻找一个能够领导

目前这个意义重大的运动的人,我们只是在寻找一个我们认为有能力完成这样艰巨任务的人,寻找一个我们完全可以信任的人,以至于我们可以把他作为整个运动的领袖来服从,而您就是这样一个人。

"您以您的那本小册子获得了一种地位,我们希望看到您走上那个地位;您由于您的那本小册子也承担了完全和忠实地支持工人等级的义务;我们现在请求和要求您履行这种义务。"①

怀有领袖欲的拉萨尔对这种邀请当然喜出望外。他于1862年12月13日回复莱比锡委员会,表示感谢并接受工人的请求。他说:"你们对我的信任使我感到愉快和欣慰……我的简单的回答是:如果我不配得到这种信任的话,我就不会接受它。"接着,拉萨尔大吹特吹他如何革命,如何帮助过工人,并列举他的哲学、法学著作如何科学地体现了民主和社会原则,他的科学著作将对工人等级起到良好的作用,并夸口他正在写一部国民经济学来征服经济科学。拉萨尔向工人说,他一直同反动政府对立并受到它的迫害,但他在任何一次冲突中从未退让过一步。最

---

① 《拉萨尔遗书遗文集》1925年斯图加特-柏林德文版第5卷第60页。

## 第六章　拉萨尔和德国工人建立独立政党的斗争

后他表示："我认为我是符合你们向我提供的地位的要求的。总的来说，我准备履行你们提出的要求，并且准备从事工人运动的领导工作。"①

莱比锡委员会的委员们不了解拉萨尔的几大卷哲学和法学著作的基本内容和倾向，当然把拉萨尔看作满腹经纶的学者，又看到拉萨尔表示仇恨反动政府，还答应履行工人的各种要求。这样，工人便认为他们选择这样一个领导人是选对了。

1862年12月17日，达麦尔给拉萨尔回信，表示在拉萨尔正式成为运动的领袖之前要和他面谈。1863年1月初，达麦尔和瓦尔泰希同拉萨尔会晤。在会晤中瓦尔泰希就同进步党的关系问题谈了莱比锡委员会的看法。瓦尔泰希认为"同进步党共同行动是必要的。不能忘记，现在还处在宪法冲突时期"②。直到这时，工人在这个重大策略问题上仍然坚持了正确意见。

在会晤中，莱比锡委员会成员同拉萨尔达成协议，同

---

① 《德国工人运动的发端》（文件汇编）1975年荷兰德文版第370页。

② 见加尔金主编《马克思、恩格斯为无产阶级政党而斗争的历史》生活·读书·新知三联书店1957年版第225页。

意拉萨尔的提议,未来工人组织的名称为"全德工人联合会",由拉萨尔写一封公开信,阐述工人运动的主张,说明联合会的目的和达到目的方式和手段,并批评资产阶级进步党人舒采尔－德里奇的自助合作社主张。但是,拉萨尔当时拿架子,他认为口头邀请不算数,必须由莱比锡委员会正式向他征求公开信。他在给达麦尔的一封信中说:"如果委员会现在已经不准备邀请我用书面发表关于工人运动的意见,委员会是对还是不对,要决定这一点不是我的事。我坚决表示,如果不经邀请,我就不写他们所期望的小册子。"①

瓦尔泰希和达麦尔对这种骄傲的态度很不高兴,但是由于工人自己写不出运动的纲领,有求于拉萨尔,也只好吞下了这粒苦丸。1863年2月10日,莱比锡委员会决定正式邀请拉萨尔写纲领性信件并向拉萨尔提出,在公开答复中必须阐明以下几点:德国应该成为一个统一的共和国。因为在其他的国家形式中,工人的统治是不可能的;除了革命,无法建立工人阶级的统治;说明德国的现状和工人对于斗争的各党派的态度;全德工人联合会应该是全

---

① 《德国工人运动的发端》(文件汇编)1975年荷兰德文版第379页。

## 第六章　拉萨尔和德国工人建立独立政党的斗争

德国统一的群众性工人组织,是工人运动的领导机关,它应有自己的工人报纸。①

### 三、拉萨尔机会主义思想体系的最终形成——《公开答复》的发表

拉萨尔接到莱比锡委员会的正式邀请信后才写了复信,题为:《给筹备全德工人代表大会的莱比锡中央委员会的公开答复》,一般简称为《公开答复》。

拉萨尔吹嘘说,他的《公开答复》是"一本工人圣经"。那么,我们就来看一下这个对德国工人运动以后的发展方向起过重大影响的"圣经"究竟包含些什么内容。

这是一个充满了矛盾的,正确的东西和错误的东西交织在一起的文件,是一个有堂皇外观的怪物。

首先应当公正地指出,这个文件中包含了工人提出的一些合理要求。例如,其中指出,工人只有通过政治自由才能满足自己的正当利益。"工人等级应当建立独立的政党","德国工人党应当成为一个强大的、独立的、追求比普鲁士进步党更有原则的政治目的的党"。拉萨尔在

---

① 参见《拉萨尔遗书遗文集》1925年斯图加特-柏林德文版第5卷第82页。

这封信中指出，资产阶级进步党在宪法冲突中坚持预算批准权和反对普鲁士的军事改组，为争取政治自由建立了一定的功绩，也批评了进步党的软弱性，指出进步党人舒尔采－德里奇主张的工人自助合作社不能改善工人等级的状况。根据这种情况，拉萨尔认为工人政党对资产阶级进步党的策略应当是："随时随地都意识到自己是独立的党，并且建立一个同进步党分道扬镳的党；在有共同利益的地方和问题上支持进步党，但是只要它离开了共同利益就坚决抛开它，反对它，从而迫使它要么向前发展，提高进步水平，要么越来越深地陷入它不能自拔的无聊和无力的泥潭之中——这就是德国工人党对进步党所应采取的简单的策略"[①]。同时拉萨尔也指出，普鲁士政府是当时德意志最落后的政府。他说："实际上包括黑森在内，没有一个在政治上落后于普鲁士政府的德国政府，实际上包括奥地利在内，几乎没有一个不优越于普鲁士政府的德国政府。"[②] 此外，拉萨尔还特别提出了工人所关心的普选权问题，强调了争取普选权的重要性。以上内容都是符合工人的要求的。可以看出，在对待资产阶级进步党的态度问题上，

---

① 《拉萨尔全集》1919 年柏林德文版第 3 卷第 47 页。

② 《拉萨尔全集》1919 年柏林德文版第 3 卷第 46 页。

## 第六章　拉萨尔和德国工人建立独立政党的斗争

拉萨尔接受了工人的意见。

但是，除了这些正确的东西以外，《公开答复》中包括了一整套机会主义思想。工人曾要求他明确阐述只有在统一的共和国中，只有通过革命，工人阶级才能建立自己的统治。拉萨尔则用非革命的、改良主义的纲领来取代工人的这个正确的革命的要求。这个改良主义纲领的要点是：在资本主义制度下，工人阶级的贫困是由所谓"铁的工资规律"造成的；要废除这个规律，就必须建立生产合作社，使工人成为自己企业的企业主，获得全部劳动所得；要建立合作社，就必须依靠国家帮助；要取得国家帮助；就必须争取普选权；要争取普选权，就必须建立全德工人联合会来进行和平和合法的宣传鼓动。这个思想体系中包含了拉萨尔在经济、哲学和社会政治方面的基本观点。它的前提是铁的工资规律理论，它的核心思想是争取普选权和国家帮助生产合作社。

"铁的工资规律"是拉萨尔全部学说的出发点。这个所谓的规律内容如下：一个国家的工人的平均工资，始终停留在这个国家的人民为维持生存和养育后代按照习惯所要求的必要的生活水平上。工人的实际工资，总是围绕平均工资上下摆动。如果实际工资长久高于平均工资，工人

生活得到改善,就会刺激人口增长,造成劳动力供应增加,使工资下降到平均工资以下;如果实际工资长久低于平均工资,工人生活状况恶化,就会减少生育,造成劳动力供应短缺,使工资上升到平均工资水平以上。这就是说,工人永远只能得到维持最低生活水平的工资,拉萨尔认为这是个"严酷的铁的规律"。

拉萨尔杜撰的这个规律是以资产阶级经济学说,特别是以马尔萨斯的人口论为基础的。拉萨尔自己完全承认这一点。他说:"亚当·斯密和萨伊,李嘉图和马尔萨斯,巴师夏和约翰·斯图亚特·穆勒都异口同声地承认这个规律。在这个问题上,所有科学家的意见都是一致的。"[1]

拉萨尔的表白清楚地说明了,他同资产阶级经济学家李嘉图和马尔萨斯等人是一致的,而同无产阶级的最伟大的经济学家、《共产党宣言》的作者马克思的学说是对立的。

梅林在《马克思传》中说:"马克思认为,拉萨尔的'铁的'工资规律是从英国经济学家马尔萨斯和李嘉图那里抄来的,而生产合作社则是从法国天主教社会主义者毕

---

[1] 《拉萨尔全集》1919 年柏林德文版第 3 卷第 60 页。

## 第六章　拉萨尔和德国工人建立独立政党的斗争

舍那里抄来的。但是，实际上，这二者都是拉萨尔从《共产党宣言》中得来的。"又说："拉萨尔同马克思和恩格斯一样，也是坚决反对冯尔萨斯人口论的"，拉萨尔"着重指出工资规律的'铁'的性质。在这一点上，拉萨尔是跟着《共产党宣言》走的"。[①]

既然拉萨尔本人承认他的"铁的工资规律"是从马尔萨斯和李嘉图等人那里抄来的，那么驳斥梅林的观点就是多余的了。我们还是来看《共产党宣言》的作者之一马克思是如何批判马尔萨斯和拉萨尔的。

马尔萨斯的人口论是为了和英国思想家葛德文论战而写的。葛德文在他的《论社会正义》一书中力图证明，社会的贫困是由资本主义社会制度造成的，为了彻底改善人民的生活状况，就必须消灭旧的社会制度和国家。这个理论对剥削阶级当然有很大的威胁性。于是，剥削阶级的奴仆马尔萨斯牧师便跳出来驳斥葛德文。他竭力证明，社会贫困是由于人口过多，是由于人口的增长总是超过生活资料的增长。这无非是说，无产阶级的贫困是由于无产阶级不节制生育的缘故，因而无产阶级的贫困是罪有应得，从

---

① 弗·梅林《马克思传》生活·读书·新知三联书店1965年版第393页。

而为资本主义剥削制度辩护,这个思想是够毒辣的。马克思指出:"马尔萨斯的特点,是思想极端卑鄙——只有牧师才可能这样卑鄙,他把人间的贫困看作对罪恶的惩罚,而且在他看来,非有一个'悲惨的尘世'不行,但是同时,他考虑到他所领取的牧师俸禄,借助于关于命运的教义,认为使统治阶级在这个悲惨的尘世上'愉快起来',对他是极为有利的。"① 在《哥达纲领批判》中,马克思批判拉萨尔和马尔萨斯的理论时再次指出:"如果我接受带有拉萨尔印记因而是拉萨尔所说的意义上的规律,我就不得不连同他的论据一起接受下来。这个论据是什么呢?正如朗格在拉萨尔死后不久所表明的,这就是(朗格自己宣扬的)马尔萨斯人口论。但是,如果这个理论是正确的,那么,我即使把雇佣劳动废除一百次,也还废除不了这个规律,因为在这种情况下,这个规律不仅支配着雇佣劳动制度,还支配着一切社会制度。经济学家们50多年以来正是以此为根据证明,社会主义不能消除自然本身造成的贫困,而只能使它普遍化,使它同时分布在社会的整个表面上!"②

---

① 《马克思恩格斯全集》第34卷第124页。
② 《马克思恩格斯文集》第3卷第440—441页。

## 第六章　拉萨尔和德国工人建立独立政党的斗争

总之,按照拉萨尔与马尔萨斯的理论,社会主义不能消除贫困,因而无产阶级反对雇佣劳动制度的斗争、无产阶级进行社会主义革命,都是无谓之举,只好永远接受地主资本家的剥削和压迫。可见,根据拉萨尔的铁的工资规律理论,不仅取消了无产阶级革命,还取消了无产阶级对资产阶级的一切经济斗争和政治斗争。

拉萨尔被工人请出来为他们起草政治纲领,而拉萨尔捧给工人的却是彻头彻尾的资产阶级货色;工人要拉萨尔给他们指出如何同剥削制度作斗争,而他指给工人的却是放弃斗争,容忍剥削;工人要他给他们指出取得解放的道路,而他送给工人的却是让他们继续受奴役的锁链。值得深思的是,工人由于理论水平不高而接受了这些害人的礼物,以致后来德国工人运动为此付出了沉重的代价。列宁说,"没有革命的理论,就没有革命的行动",这话讲得多么好啊!

下面再来看拉萨尔体系中的两个主要思想:国家帮助建立合作社和普选权。这两个主要思想的理论基础是唯心主义的超阶级国家观点。

拉萨尔向工人说:"国家是属于你们受苦阶级的,而不是属于我们上层等级的,因为国家是由你们组成的!我

问过:什么是国家?现在你们可以从少量的数字中比从几厚本书籍中更明确地找到答案:你们贫苦阶级的大合作社——这就是国家!

"为什么你们的大合作社不应对你们较小的合作社组织起促进和推动作用呢?"①

拉萨尔又说:"国家无非是劳动阶级的巨大的组织,巨大的合作社;因此,国家通过帮助和鼓励能够使较小的合作社得以实现,这种帮助和鼓励无非是完全自然而正当的、完全合法的社会自助,这种自助是由劳动阶级作为大合作社本身向它的作为分散的个体的成员提供的。"

拉萨尔把国家帮助下建立合作社说成是工人解放的唯一途径,"在国家的援助和促进下实现的自由的个体的合作社——这是工人等级摆脱困境的唯一道路"。②

如何实现这种国家干预呢?

拉萨尔回答说:"这只有通过普遍的直接的选举权才能实现。当德国立法机构都是根据普遍的、直接的选举权产生的时候——那时候,也只有到那个时候,你们才能够指定国家履行它的这一义务。

---

① 《拉萨尔全集》1919年柏林德文版第3卷第80—81页。
② 《拉萨尔全集》1919年柏林德文版第3卷第88页。

## 第六章　拉萨尔和德国工人建立独立政党的斗争

"到那个时候，将在立法机构中提出这个要求；到那个时候，可以通过理智和科学来讨论这种干预的范围、方式和手段；到那个时候——请你们相信这一点！——了解你们的处境并忠于你们事业的人，将带着科学这种闪闪发光的武器，站在你们一边，知道维护你们的利益；到那个时候，如果你们事业的代表始终处于少数地位，那么你们，社会上的贫苦阶级，无论如何只能怪你们自己和怪你们把选举弄糟了！"[①]

拉萨尔由此得出结论："现在看来，普遍的、直接的选举权不仅是你们的政治原则，也是你们的基本社会原则，是一切社会帮助的基本条件。这是改善工人等级物质状况的唯一手段。"[②]

他建议工人任何时候都要把全部力量集中在争取普选权上。"你们不要左顾右盼，对一切不意味着普遍的、直接的选举权或者同它没有联系、不能促使它实现的事情都要置若罔闻！"[③]

以上言论充分暴露了拉萨尔的反动幻想。它的实质

---

[①]　《拉萨尔全集》1919年柏林德文版第3卷第88—89页。
[②]　《拉萨尔全集》1919年柏林德文版第3卷第89页。
[③]　《拉萨尔全集》1919年柏林德文版第3卷第91页。

就是把工人阶级解放的希望寄托在地主资产阶级的国家上面，要工人把压迫和奴役他们的政治工具当作解放他们的工具来使用。其次，从拉萨尔对普选权的吹嘘中也可以窥视出他的个人野心。他无非是让工人把他这样带着闪闪发光的科学武器的人选入议会，或选他当国家领导人，然后他这个"国家伟人"就可以为工人谋福利。如果工人把选举搞糟了，就是说不选举他，那工人的贫困是咎由自取。这就是拉萨尔鼓吹的普选权思想的真意。

历史已完全粉碎了拉萨尔的幻想。俾斯麦政府后来的确拨了一点钱为一部分工人建立了合作社。但是，俾斯麦政府建立的合作社并没有使工人得到解放，而是增加了反动政府对工人的监护权并使合作社成为政府控制和压迫工人的工具，而且这些合作社很快就垮了台。俾斯麦在普奥战争后也实施了普选权，但普鲁士王国也没有因此而成为自由的国家或人民的国家，而仍然是压迫人民的专制国家，只不过用议会装饰一下门面而已。马克思一向主张用革命的两手去对付反革命的两手，反对把暴力方式或和平方式绝对化，拉萨尔却把和平方式绝对化，把普选权神圣化，这只能把无产阶级运动引入歧途。

马克思读了《公开答复》以后指出，拉萨尔"俨然就

## 第六章　拉萨尔和德国工人建立独立政党的斗争

是一个未来的工人独裁者",他"像玩游戏一样轻而易举地"解决工资和资本之间的问题,拉萨尔的理论"无论如何是令人吃惊的新鲜事!"①

《公开答复》中的这一套理论是后来德国社会民主党和第二国际机会主义的理论源泉。

《公开答复》是集拉萨尔机会主义思想之大成,它标志着拉萨尔主义思想体系的最终形成。

综上所述,可以看出拉萨尔的《公开答复》的基本的、主体的思想是机会主义的,是极端保守的。拉萨尔对这一点也供认不讳。他私下向哈茨费尔特伯爵夫人说:"最妙的是,这个宣言(指《公开答复》)是极其保守的——从这个词的好的和有理智的意义上来理解——,十分保守,应该得到有产等级最热烈的认可和支持。"②他对他的朋友勒维也说:"非常可笑的是,我在我的宣言中根本没有说过任何不是极其保守——在好的意义上——的东西。宣言也许是拯救工人的最保守的、完全合法的、和平的方式!"拉萨尔还向勒维说,他写的这个宣言是完全尊重统治阶级的现有财产的,并大放厥词,说什么"一个解放劳

---

① 《马克思恩格斯全集》第30卷第336—337页。
② 《拉萨尔遗书遗文集》1924年斯图加特－柏林德文版第4卷第340页。

动的建议对统治阶级现有财产愈尊重，因而它愈是合法和实际，统治阶级就愈有理由认为它是危险的"①。可是，在给莱比锡委员会的信中，拉萨尔却不敢把自己的真实思想说出来，而另编了一套。他吹嘘说："请你们仔细地把《公开答复》读上几遍，你们就会发现，我已经尽了一切努力使它成为一只破冰船"，"它必然会产生像1517年张贴在维登堡教堂门口的论纲那样的影响！"②根据拉萨尔的这种态度，说他是个两面派也不算过分！如果太激烈了，那就说他是阴一套阳一套也行。

那么，莱比锡委员会和工人是如何看待拉萨尔的《公开答复》的呢？

莱比锡委员会1863年3月17日开会讨论《公开答复》，进行了激烈的争论。在对待拉萨尔的态度问题上，莱比锡委员会分裂为两派。弗里茨舍、瓦尔泰希、达麦尔等支持；罗勒、道尔格和相当大一批工人都反对拉萨尔。辩论结果，以六票对四票的多数通过了《公开答复》

---

① 《拉萨尔遗书遗文集》1924年斯图加特－柏林德文版第5卷第110—111页。

② 格律恩贝尔格编《社会主义和工人运动历史文库》1964年德文版第2卷第388—393页。

## 第六章 拉萨尔和德国工人建立独立政党的斗争

作为工人运动的纲领。很显然,莱比锡委员会中的多数工人代表只注意到《公开答复》中包括了工人过去提的一些口号,表达了工人要求建立独立政党的愿望。但是,他们忽略了拉萨尔在《公开答复》中提出的那一整套机会主义思想,从而使得19世纪60年代轰轰烈烈重新兴起的德国工人运动从此误入歧途。这不能不说是一个严重的教训。

拉萨尔的《公开答复》被通过后,原来为筹备召开全德工人代表大会而建立的莱比锡委员会便解除了自己的权力,宣布解散,另行成立了一个为创立拉萨尔建议的全德工人联合会的莱比锡委员会。这样,工人原来筹备召开全德工人代表大会来讨论德国工人运动的纲领、路线和建党的正确主张便夭折了。这样实际上也就取消了广大工人代表认真讨论工人组织的纲领的权利,一些工人代表的反对意见也就得不到进一步的阐述和讨论。

拉萨尔的《公开答复》虽然被通过作为工人运动的纲领,但是原来的莱比锡委员会的委员对其中关于国家帮助建立合作社来解放工人的原则仍有意见,认为这个原则不明确,令人难以相信。1863年3月26日达麦尔在给拉萨尔的信中指出:"您的小册子有一个很大的缺点,从哪里取

得办合作社的钱呢？您在第 27 页上一个很长的注中没有提出充分的证据来说明这一点。整个小册子的价值因此降低了。"[①] 因此，委员会成员要求拉萨尔到莱比锡来亲自对《公开答复》中的一些原则作出说明。

拉萨尔只是关心他的《公开答复》传播的情况，关心如何使它的小册子成为德国工人运动的"正式宣言"，对于委员会向他提出的问题则拖延不答。他先是以种种借口拒绝到莱比锡来，后来又提出只有工人同意了他的《公开答复》中的意见，接受他的观点，他才到莱比锡向工人讲话。

令人费解的是，在莱比锡委员会委员达麦尔向拉萨尔提出的关于《公开答复》中一些原则问题的质疑没有得到澄清的情况下，委员会又继续在工人中间传播《公开答复》，并把它送到其他城市去。3 月 28 日，继莱比锡工人大会赞成了拉萨尔的小册子之后，汉堡工人大会也同意了拉萨尔的《公开答复》。在这之后，拉萨尔于 1863 年 4 月 16 日来到了莱比锡，向工人发表题为《论工人问题》的演说。

---

① 《德国工人运动的发端》（文件汇编）1975 年荷兰德文版第 398 页。

## 第六章　拉萨尔和德国工人建立独立政党的斗争

拉萨尔一开头就以工人独裁者的口气说:"你们委员会很久以来就邀请我到这里来和大家见面并发表讲话。我一直谢绝了……现在,既然你们同意我在《公开答复》中所阐述的见解,接受我的观点,……现在我可以到你们这里来跟你们讲话了。"①

在这次讲演中,拉萨尔并没有正面回答达麦尔提出的问题。他用大部分篇幅来反驳资产阶级进步党人对他的"铁的工资规律"的攻击。他引经据典,大段引证资产阶级经济学家李嘉图、萨伊、约·穆勒、罗雪尔的话来驳斥德国资产阶级进步党人、经济学家维尔特对他的批评。只是到最后,拉萨尔才谈到工人运动问题。他提出:工人阶级的解放只能在有产阶级的帮助下和平地进行。他这样说:"必须卸下你们脚上的镣铐,但是只能和平地、通过知识界的主动性,而且在有产阶级的同情和帮助下进行,有产阶级的先进人物、科学界人士,已经走在前面,正在奠定基础。你们无论如何不应该有不公正的、有害的愤懑情绪,因为这只能给解脱镣铐的过程增加困难……在现时的教育情况下,你们有产者和知识分子必须贡献

---

① 《拉萨尔全集》1919年柏林德文版第3卷第117—118页。

自己的一切力量来解除我们的这些镣铐,——你们应当向他们这样呼吁!"①

这段话除了说明拉萨尔的英雄史观和轻视工人阶级本身的力量以外,还预示着拉萨尔将来在全德工人联合会中要执行的组织路线。他很少关心吸收工人加入联合会。他对洛贝尔图斯说:"联合会中优秀的资产阶级会员越多越好。"②

在批评了资产阶级进步党的软弱性之后,拉萨尔再次承认和宣布了莱比锡委员会提出的斗争策略。拉萨尔指出,反对进步党,"绝不是说我们要和反动派同流合污,不是这样。只要进步党是跟反动派对立的,我们就支持它,但同时,我们也要推动它前进"③。

### 四、在法兰克福的演说。公开反对无产阶级革命

在发表了《论工人问题》的演说之后,拉萨尔又到美因河畔的法兰克福发表演说。

---

① 《拉萨尔全集》1919年柏林德文版第3卷第141页。

② 《拉萨尔遗书遗文集》1925年斯图加特－柏林德文版第6卷第358页。

③ 《拉萨尔全集》1919年柏林德文版第3卷第145页。

## 第六章 拉萨尔和德国工人建立独立政党的斗争

进步党的理论家和拉萨尔互相攻击,法兰克福的工人要辨明是非,邀请资产阶级进步党理论家舒尔采-德里奇和拉萨尔一起到法兰克福来讲演,各自阐明自己的观点,然后再由工人作出裁夺。舒尔采以没有时间为借口,拒绝出席;拉萨尔则满怀信心,欣然前往。拉萨尔于1863年5月17日和19日发表了两次演说,后来以《工人读本》的名称出版。

在第一篇演说中,拉萨尔除了引用资产阶级经济学家的论点来证明他杜撰的"铁的工资规律"以外,再次阐述了他关于国家贷款帮助建立合作社来解放工人的观点。他认为这是他的全部活动的基本点。拉萨尔向工人说:"我自己也告诉你们,这是在全部鼓动工作中所牵涉的根本的一点,为了它我才去进行全部鼓动工作!我所发动的整个斗争,都在这个问题上起伏。"[1] 针对达麦尔提出的从哪里取得办合作社的资金问题,他告诉工人,他的建议就是要让工人拥有能同资本家进行真正的竞争的资本,"这个建议实际上是要国家通过信贷业务供给你们资本"[2]。拉萨尔接着提出了一亿塔勒就可以解放全德国工人的主张。

---

[1] 《拉萨尔全集》1919年柏林德文版第3卷第232页。
[2] 《拉萨尔全集》1919年柏林德文版第3卷第234页。

奇文共欣赏,疑义相与析。我们把拉萨尔的这套奇妙设想如实地端出来,供大家评判。

拉萨尔认为,为了解放德国工人,并不需要几十亿塔勒。"暂且假定,为了我们的目的,我们只能使用一亿塔勒。在开始的时候,就连这个数目也显得太多了!这个数目太多了,开始时我们不能把它全部用到合作社上去!资本通常能提供百分之五的利息。不应当把这种资本利息同企业利润混同起来。资本利息是由企业主自己付给借贷资本家的。这百分之五的利息每年就能提供五百万塔勒,如果我们有一亿资金,就能为此目的,即为了建立工人合作社而使用这些利息。由于这每年五百万利息的利上加利,十四年内就可以把资本增加一倍,那时我们就会得到二亿资金,这样我们每年就会有一千万利息用于合作社。我们假定,拿各个行业的平均数计算,用一百万塔勒资本可以使大约四千工人得到工作——这完全是我们的一个假设,这个数字大概不是太大了而是太小了。不过无论如何,问题不在数字,因为它不过是拿来举个例子罢了。因此,一亿塔勒能使四十万工人加入合作社:假定每家平均人口为五人,那么这就是二百万人口;以每年一千万的利息计算,这就每年又可以使四万

## 第六章　拉萨尔和德国工人建立独立政党的斗争

工人,即又有二十万人口可能得到自由和幸福,或者说在开头十四年,我们假设每年只得到五百万利息,这至少每年又可以使另外的两万工人及其家属得到自由和福利,这样在一定的时期内就为你们大家,为社会上一切劳动阶级摆脱贫困状况开辟了道路。"

接着,拉萨尔更进一步发挥他的想象力。他说:"如果有七十或八十个大型合作社,则第七十一个合作社就根本不需要另外的资金,而只需要原来的七十个合作社的贷款就行了。这笔贷款完全可以保证它的存在,因为它可以从已经存在的合作社中得到它所需要的原料和机器。有了七十一个合作社,就可能不用另外的资金而建立第七十二个合作社,有了一百五十个合作社,就可能不用另外的资金又建立二十个合作社,而后者以前者的贷款作为自己的劳动条件。这样,你们看,我原来说每年用五百万到一千万利息又可以解放两万到四万个工人,这个计算太保守了,你们看,合作社一旦着手进行和发展起来,每年就有大批工人可以参加合作社,从而进入自由和福利的世界,其人数比我原来的大致估计要多得多,速度也要快得多。所以,我在《公开答复》中就指出,所有这些工人合

作社都应该通过信用联合组织互相联合起来。"①

在阶级社会中,到哪里去找愿为被剥削阶级慷慨解囊发放无息贷款的国家呢?拉萨尔的上述动听言论不过是向工人散布美丽而缥缈的幻想罢了。这是用幻想的数字建造的一座空中楼阁。它的整个结构就是一亿塔勒加上"驴打滚"的利息。但是,拉萨尔忘记了,债权人难道不要求同样的"驴打滚"利息吗?拉萨尔把宝完全押在一个超阶级的国家身上。他强词夺理地向工人说明国家可以完成这一壮举。他说:"我已经在《公开答复》中说明,这笔所需要的钱,即所需要的贷款,可以由国家十分轻而易举地筹集到,而不要任何人花费什么……你们不妨假定,国家必须拿出这一亿资本来。不过,先生们,还没有一次战争不要花费两倍于这个数目的钱,而且,为了什么事情不曾进行过战争啊?在上个世纪,进行战争是由于情妇的某种爱情纠纷,在本世纪,进行战争是由于国王的征服欲,或者是由于资产阶级的某种销售利益。英国在 40 年代同中国进行的鸦片战争,至少花费了两倍于此的钱,而这只是为了强迫中国人民吸食鸦片,即完全为了资产阶级销售的私

---

① 《拉萨尔全集》1919 年柏林德文版第 3 卷第 246—248 页。

## 第六章　拉萨尔和德国工人建立独立政党的斗争

利。所以,为了任何事情,为了满足有产阶级的任何狭隘的销售利益也好,为了满足国王的脾气也好,都可以找到这一亿资金,甚至两倍于此的资金,只是当问题涉及拯救人类的时候,突然就无法筹集到这笔钱了!"①

现在看来,这简直是奇谈怪论和一派胡言。把战争节省下来的钱用来造福人类?拉萨尔显然不愿意正视阶级社会的现实。剥削阶级的国家和代表人物宁肯花十亿来进行战争,也不愿花半个亿来真正解救贫苦工人。因为,如果工人阶级真正获得了解放,掌握了政权,就会把罪恶的侵略战争及其发动者一起送进坟墓。

反动的普鲁士国家怎么会拿钱来帮助工人解放呢?拉萨尔知道他的这种说法漏洞百出。他怕露出马脚,所以预先声明,他所说的不是现在的国家,而是未来的国家。他狡辩道:"不用我说,你们也清楚地知道,从现在的国家那里你们能期待什么!我对你们说的不是现在的国家,而是普遍的、直接的选举权占统治地位的国家。因此,在这里谈论反动派是可笑的,因为很显然,实行普遍的、直接的选举权以后,国家完全不是现在这样的国家了。"② 可

---

① 《拉萨尔全集》1919 年柏林德文版第 3 卷第 249—250 页。
② 《拉萨尔全集》1919 年柏林德文版第 3 卷第 245 页。

是，正如马克思所指出的，拉萨尔"不得不断言这个口号在最近的将来就会实现。因此，这种'国家'就变成了普鲁士国家"①。就在这次演说的五天以前，拉萨尔和俾斯麦进行了密谈。他乞求普鲁士国王钦赐普选权，要求国家资助工人办合作社。这些铁的事实证明，拉萨尔所说的国家正是反动的普鲁士国家。后来，他在给洛贝尔图斯的信中又透露，他"只是因为劳动阶级——不是没有道理的——愿意看到一点具体的东西，我才提出用国家资金办合作社的建议"，他还认为，只要为合作社争得了国家贷款，哪怕"只是一个小指头"，一切问题都可以迎刃而解，不过"只有在一百年到两百年以后，如果不是五百年的话"，才能达到。② 这说明，拉萨尔是诚心用他的花言巧语来欺骗工人的。

在5月19日的第二篇演说中，拉萨尔反对无产阶级革命的言论就更加明显了。

讲演一开始，拉萨尔重复了上次演说中关于国家出钱帮助合作社的论点，说什么"我只向国家要求一个小手指！而其余的一切就会以一种持续的生命力自然而然地有

---

① 《马克思恩格斯全集》第32卷第557页。
② 《拉萨尔遗书遗文集》1925年斯图加特-柏林德文版第6卷第329页。

## 第六章　拉萨尔和德国工人建立独立政党的斗争

机地发展起来。在采取这个措施五十年之后,这个世界就会变得不可辨认了!"①

请看拉萨尔为工人解放定的时刻表:一百年、两百年、五百年、五十年,随他信口雌黄,反正数字可以瞎编。

俗话说,十指连心,地主资产阶级的国家怎么会给工人阶级一个小手指,好让工人阶级以后连它的其余九个指头也夺走呢?

当然,拉萨尔心里想的根本不是要发动工人来革地主资产阶级的命,而是要制止革命。拉萨尔说:"我是向公众的信念和公众的良心呼吁。如果在德国正是有产者在社会问题上表现出主动精神,如果这种主动精神的出现是科学和爱的成果,而不是仇恨和粗暴的长裤汉②的狂怒的爆发,那么这将是文化上一个最卓越的事实,是德意志的名声和德意志民族的一个最伟大的胜利!"③

---

① 《拉萨尔全集》1919年柏林德文版第3卷第266页。
② 长裤汉:又译无套裤汉,18世纪法国资产阶级革命时期对广大革命群众流行的称呼。当时贵族和资产者穿丝绒短套裤,平民和劳苦大众穿粗布长裤。最初贵族用"长裤汉"这个绰号来讥讽平民,后来"长裤汉"成为革命者和共和主义者的代号。
③ 《拉萨尔全集》1919年柏林德文版第3卷第267—268页。

拉萨尔唯恐工人听不懂他所反对的"长裤汉的狂怒"就是要防止无产阶级革命,所以他干脆明白地说:"如果未来的科学人士被吓得不敢表现出这样的主动精神,那么其后果只能是我们将在几十年内陷于野蛮的无产阶级革命之中,我们将要体验六月战斗①的可怕景象!但是,这种事情是不容许也不应当发生的。正因为如此,所以需要及时地打开阀门来扑灭爆炸。这就是我认为必须在全面和平时期举起这面鼓动的旗帜的原因。"②

任何一个不怀偏见的人读了这段话,对于拉萨尔的反对无产阶级革命的反动思想是不会产生任何怀疑的。

最后,拉萨尔对他所举的这面旗帜的性质也作了不容置疑的说明。他说:"我所举起的旗帜是一般民主的旗帜","我当然不会反对我所隶属的那个等级的成员……我所号召的是一般民主的人民运动,而绝不是阶级的运动;劳动阶级的命运必然会通过由普遍的选举权选出的议会而得到改善,对于这一点没有一个真正的民主主义者会畏缩不前。社会上联合起来的知识分子必然会通过国家措施来

---

① 指1848年6月法国无产阶级起义,这是法国无产阶级和资产阶级的第一次大搏斗。
② 《拉萨尔全集》1919年柏林德文版第3卷第268页。

## 第六章　拉萨尔和德国工人建立独立政党的斗争

帮助贫苦阶级，对于这一点没有一颗真正民主主义的心会感到惶恐不安"。① 拉萨尔在这里郑重声明，归根到底他维护的是一切阶级的真正利益。

问题在于，拉萨尔清清楚楚地说明，他进行宣传鼓动的目的是要反对"野蛮的无产阶级革命"，"避免六月战斗的可怕景象"，反对"仇恨的和粗暴的长裤汉的狂怒的爆发"。他要"及时地打开阀门来扑灭爆炸"，就是要扑灭革命。既然如此，工人们为什么又对拉萨尔的演说报之以赞扬的掌声呢？

前面说过，拉萨尔的演说中包含了工人的一些正当要求（如建立独立政党、普选权等）和对资产阶级进步党忽视工人要求的拙评，这使工人感到满意。其次，拉萨尔的这些反动言论都是夹杂在许多花言巧语中间说的，使工人难于觉察。此外，拉萨尔抱着许多大部头资产阶级学者的著作，把它们说成是科学的学术论著，用它们来证明自己的观点，唬住了理论水平不高的工人。还有一个重要原因，当时的工人中产业工人较少，大多数是手工业工人，拉萨尔吹嘘的国家可以帮助工人建立合作社，使工人

---

① 《拉萨尔全集》1919 年柏林德文版第 3 卷第 287 页。

成为自己企业的企业主,等等,这一套很符合小生产者的胃口,给了受资本主义竞争排挤的手工师傅以希望。再加上,当时是开上千人的群众大会,支持资产阶级进步党的工人也参加了大会,两边对喊,不可能对拉萨尔所说的一切都认真地去推敲和思考。所以,在拉萨尔演说完毕后,法兰克福工人大会通过决议,同意莱比锡工人把《公开答复》作为工人运动纲领的决定,并声明利用一切手段建立和扩大全德工人联合。这样,继莱比锡之后,德国几个大城市的工人也都同意了拉萨尔的主张和支持建立全德工人联合会。因此,拉萨尔说,在美因河畔法兰克福决定了全德工人联合会的命运。

**五、全德工人联合会成立,拉萨尔当选为主席**

在法兰克福工人大会后的第四天即1863年5月23日,在莱比锡召开了全德工人联合会的成立大会,出席的有代表十一个城市的十一个代表。

原来筹备召开全德工人代表大会来讨论工人运动纲领路线的正确主张被取消了,莱比锡委员会的委员对拉萨尔的《公开答复》虽然有些疑问,但是也没有向工人大会提出讨论。在群众性工人大会上通过了把拉萨尔的《公开答

## 第六章　拉萨尔和德国工人建立独立政党的斗争

复》作为工人运动的纲领性文件后，也没有再把《公开答复》在莱比锡成立大会上提出来仔细认真地讨论。这样，成立大会实际上没有讨论和通过运动的正式纲领，而只是通过了拉萨尔起草的联合会章程。

章程第一条说："下列签名人以'全德工人联合会'的名义，为德意志联邦各邦建立一个联合会。本会深信，只有通过普遍的平等的和直接的选举权，德国工人等级的社会利益才能得到充分的代表，社会的阶级对立才能消除。从这一信念出发，本会的宗旨是通过和平和合法的道路，特别是通过争取公众的信念，为实行普遍的、平等的和直接的选举权而进行活动。"①

可以看出，章程对联合会的目的、策略的表述是极其含糊不清的，甚至没有包含1863年2月10日莱比锡委员会给拉萨尔信件中提出的各项要求，而把普选权放到了唯一重要的地位，把它既看作目的又看作手段。德国社会民主党内以后的"议会迷"倾向，实际上导源于这个拉萨尔主义的规定。

---

① 《拉萨尔全集》1919年柏林德文版第4卷第246页。

拉萨尔评传

大会选出拉萨尔为联合会主席,任期为五年,拉萨尔享有独裁权力,联合会一切事务,特别是人事任免,实际上都由拉萨尔一个人说了算。这种领袖独裁制一开始就遭到先进工人的反对。原来的共产主义者同盟盟员还就此向拉萨尔提出质询。拉萨尔则回答说:"不管谁当主席,主席的权力必须尽可能独裁,否则一事无成","主席的事务只有通过强硬的独裁才能有所前进","主席的权限要尽可能独裁"。[1]后来,拉萨尔在工人中进行宣传鼓动时更进一步提出了工人只有接受领袖的"智力独裁"才能解放的论调。

19世纪60年代初全德工人联合会成立前后这一段德国工人运动史极富有教益。它首先告诉我们,工人运动的发展,不仅取决于客观形势,还要有主观因素的配合,具体地讲,工人必须有自己的忠于工人事业的杰出的领袖来领导,才能沿着正确的航道前进,60年代出现了很好的革命形势,德国工人的政治积极性空前高涨,要求建立自己的独立政治组织。但是,就是缺少一个有魄力有水平又对工人事业忠心耿耿的领导人物,以致把资产阶级庸俗民主

---

[1] 《社会主义文献》1968年法兰克福德文版第4卷第474—475页。

## 第六章　拉萨尔和德国工人建立独立政党的斗争

主义者拉萨尔误认为无产阶级革命家,可以说是请他出来把自己引上错误的道路的。

其次,这段历史告诉我们,理论具有非常重要的意义。莱比锡委员会之所以请拉萨尔出来,主要是因为自己理论水平不高,需要有一个理论家来阐述工人运动的纲领。拉萨尔由于发表了《工人纲领》的演说,替工人说了一些公道话,而被误认为无产阶级理论家。可是,拉萨尔献给工人的理论,实质上还是俾斯麦的雇佣密探艾希勒建议的那两点,即争取普选权和国家帮助工人建立合作社。所不同的是,艾希勒径直向工人说,俾斯麦可以被争取来实施普选权和为工人建立合作社。工人凭着自己的阶级敏感性把俾斯麦政府收买的密探艾希勒揭露了出来,并把他赶出工人运动。而拉萨尔也说的是争取普选权和国家帮助建立合作社,不过他狡黠地没有提俾斯麦和普鲁士国家,而是说实行了普选权的未来国家可以帮助工人,实质上拉萨尔想的仍然是俾斯麦领导的普鲁士国家可以帮助解放工人。工人没有识破这种瞒天过海的手法,而把拉萨尔的理论接受了下来,并把他请进工人运动,做自己的领导。这样,工人拒绝了艾希勒送给他们的苦果,却吞下了拉萨尔送给他们的用糖衣裹

着的苦果。从莱比锡委员会三番五次给拉萨尔写信和一再拜谒的情况来看，莱比锡工人请拉萨尔出来，真够得上是"三顾茅庐"，可是请出来的却不是"诸葛亮"，而是"司马昭"式的人物。不过，司马昭之心，是路人皆知的，而拉萨尔的心，当时大多数工人却是不知道的。

从以后的发展来看，拉萨尔的那一套理论给德国工人运动带来了极大的危害。但是，在当时对全德工人联合会的成立还是有积极意义的。德国工人长期没有自己的政治组织因而不得不依附资产阶级，现在有了自己的政治组织，这是一个很大的进步。拉萨尔的《工人纲领》《公开答复》在促进这个工人独立组织的产生方面起了积极作用，虽然他的理论体系是错误的。正因为如此，马克思对拉萨尔的这一段活动给予很高的评价，认为这是拉萨尔的"不朽功绩"。

拉萨尔在促进工人从资产阶级的影响下解放出来以后，又把工人运动拴在了反动普鲁士王朝的战车上，让工人接受普鲁士王朝的反动统治。拉萨尔的这个罪过也是不可饶恕的。

第六章 拉萨尔和德国工人建立独立政党的斗争

## 六、勾结俾斯麦，出卖工人运动

下面我们就来看一看，拉萨尔是怎样勾结俾斯麦出卖工人运动的。

1928年从"铁血宰相"俾斯麦用过的办公室里发现了拉萨尔和俾斯麦的十六封来往信件，向我们揭露了一个极其重要的事实：早在全德工人联合会成立之前，拉萨尔就同俾斯麦勾结上了。全德工人联合会是1863年5月23日成立的，俾斯麦是5月11日写信请拉萨尔商谈工人问题的，5月12日拉萨尔就去同俾斯麦进行了第一次秘密会谈。

这个令人吃惊的无情事实粉碎了不少为拉萨尔辩护的历史学家的一种论调，即拉萨尔是在联合会成立后极其困难的条件下才作出了策略上的转变。

1863年5月17日和19日，当工人在法兰克福洗耳恭听拉萨尔侃侃谈论什么国家拿出一个小手指头（一亿塔勒）就可以解放全德国工人的美妙前景的时候，当工人听到拉萨尔向他们赌咒发誓地说，他是工人的"一个最好的朋友"、他的性格"可以保证不会欺骗你们"的时候，他们万万没有想到，仅仅在五天以前，拉萨尔就

已经同俾斯麦进行了密谈,把他们暗中出卖给了俾斯麦政府。

在"宪法冲突"期间,工人阶级支持和推动资产阶级反对普鲁士封建王朝的斗争,这是先进工人当时提出的正确策略,是工人同拉萨尔商定而由他写入《公开答复》的。可是,墨迹未干,拉萨尔不同联合会任何领导成员商量讨论,就擅自改变了同工人商定的正确策略,把原先联合资产阶级反对封建地主的方针改为联合封建地主反对资产阶级的方针,这是对工人运动的赤裸裸的背叛行为。

根据拉萨尔和俾斯麦的来往信件判断,他们进行过六次秘密会谈。在第一次会谈(1863年5月12日)中就讨论了国家帮助建立合作社问题、实行普选权问题,特别讨论了国王和人民结成联盟的问题。在第二次(6月8日到15日之间)会谈中,双方对于在反对"共同敌人"资产阶级的斗争中采取联合行动这一问题交换了意见。第三次会谈(10月23日)就全德工人联合会和保守党在选举期间建立选举联盟问题达成协议。第四次会谈(1864年1月12日)主要讨论修改选举法。会谈中确定由拉萨尔帮助俾斯麦政府起草选举法草案。在第五次会谈(1月底2月初)

## 第六章　拉萨尔和德国工人建立独立政党的斗争

中,拉萨尔再次乞求俾斯麦实行普选权,力图说服俾斯麦在丹麦战争以前就实行普选。第六次会谈(4月前后),是在丹麦战争结束后不久举行的。俾斯麦不顾拉萨尔的劝告和警告,联合奥地利发动了对丹麦的战争,兼并了丹麦的什列斯维希－霍尔施坦,并由奥地利和普鲁士共管这两个公国。拉萨尔向俾斯麦献殷勤,反对普奥共管,主张把这两个公国立即并入普鲁士。他向俾斯麦说,他早在1859年就主张把什列斯维希－霍尔施坦并入普鲁士,现在他仍然持这种观点,并讨好地说:"我把合并什列斯维希－霍尔施坦一事放在我的纲领里。"俾斯麦则回答:"您的纲领的这一点大概是会实现的,只是要稍微迟一点。"一个工人政党的首领竟然在对外侵略和兼并问题上同反动派的头子的纲领是一致的,足以说明这个工人领袖是冒牌货。在这次会谈中,俾斯麦谈了他的改革计划,其中包括实行普选权。拉萨尔表示愿为实现这个计划贡献自己的力量。他打算于1864年9月到汉堡召开工人大会,以工人的名义要求普鲁士政府兼并什列斯维希－霍尔施坦。这样,拉萨尔实际上同俾斯麦达成协议:拉萨尔代表工人支持俾斯麦和支持普鲁士独吞什列斯维希－霍尔施坦,俾斯麦答应实行普选权。

马克思恩格斯在拉萨尔死后才知道这个计划。马克思说:"拉萨尔事实上背叛了党","拉萨尔同俾斯麦的关系比我们过去怀疑的还要密切得多"。① 恩格斯也坚决谴责拉萨尔的行为。他说:"高贵的拉萨尔愈来愈暴露出是一个卑鄙透顶的无赖。我们评价一个人从来不是根据他的自我介绍,而是根据他的真实情况,因此我看不出有什么原因要把已死的伊戚希② 当作例外。主观上他从虚荣心出发认为事情可以这样办,而客观上这却是卑鄙行为,是为普鲁士人的利益而背叛整个工人运动。"③

在普选权问题上也可以看出拉萨尔的背叛行为。马克思恩格斯从来没有反对工人争取普选权的斗争。如果实行普选权,那对工人阶级大有好处,它有利于工人阶级在全国范围内组织起来进行宣传和政治活动,壮大自己的力量。但是,马克思恩格斯从来不把普选权绝对化,不把它看作工人阶级斗争的唯一手段。而且早在总结1848年革命经验时,马克思就批评了"议会迷"病症。拉萨尔则相反,他把普选权绝对化。他在《公开答

---

① 《马克思恩格斯全集》第31卷第455、465页。
② 指拉萨尔。
③ 《马克思恩格斯全集》第31卷第48页。

## 第六章　拉萨尔和德国工人建立独立政党的斗争

复》中曾把普选权说成是工人阶级的基本社会原则，把普选权美化为改善工人阶级物质状况的唯一手段。这当然是错误的，和工人的看法是相悖的。只是当时工人没有看出这个极大的理论错误，容忍了它。但是，从拉萨尔和俾斯麦的会谈内容可以看出，拉萨尔把普选权绝对化，不仅仅是犯了一个理论错误，还包含着对工人的欺骗。他对工人说，普选权是他们的基本社会原则和政治原则，是工人解放的唯一手段。对俾斯麦他却说，普选权是普鲁士王朝从道义上征服德国的手段。请看，普选权在拉萨尔手中简直成了一把万能的剑，它既可以帮助工人从普鲁士王朝的统治下获得解放，又可以帮助巩固普鲁士王朝，防止工人的解放。看起来这是个难以解决的"二律背反"，实际在拉萨尔的思想上，对如何解决这个"二律背反"、这个矛盾，早已胸有成竹。这就是：不要工人的解放，而要巩固普鲁士王朝。拉萨尔在《工人读本》中公开宣称要反对"粗暴的无产阶级革命"，在给俾斯麦的信中他又暗中建议要防止人民暴动和起义，这足以说明拉萨尔思想的实质。拉萨尔对普选权的解释完全背离了工人的初衷。

从拉萨尔给俾斯麦的信可以看出,要把普鲁士王朝变为替工人阶级谋福利的社会王朝,这倒是拉萨尔的真实思想。我们看拉萨尔在给俾斯麦的信中是怎么说的。

1863年6月8日,拉萨尔把全德工人联合会的章程寄给俾斯麦过目,在附信中他向俾斯麦保证:

"一旦工人等级能够有理由相信独裁对它有好处,它就会本能地感到自己倾向独裁,这是千真万确的;因此,正如我最近对您说过的那样,如果国王什么时候能够决定采取——当然这是难以置信的——步骤,实行真正革命的和民族的方针,并把自己从一个特权等级的王权变成一个社会的和革命的人民的王权,那么工人等级尽管有共和主义的信仰,或者宁可说正是由于这种信仰,就会多么倾向把国王看作与资产阶级社会的利己主义相对立的社会独裁的天然体现者!"①

后来,1864年2月24日,拉萨尔在给胡伯尔的一封信中表达了同样的思想。他说:

"我深信:除了王国,任何东西都不可能有一个更伟大的将来和带来更多的幸福,如果这个王国能敢于变成社

---

① 《马克思主义年鉴》1928年莫斯科-列宁格勒版第6卷第10—11页。

## 第六章　拉萨尔和德国工人建立独立政党的斗争

会王国的话。如果这样，我将热情地举起它的旗帜，而君主立宪的理论将尽可能快地被掷到垃圾堆里去。"[①]

拉萨尔的话很清楚，无非是说工人阶级愿意追随普鲁士封建政党，可以接受容克地主阶级专政。

是谁让他向反动头子俾斯麦这么说的？他代表谁去这样说的？谁也没有让他这么说，谁也没让他作代表。是他自己背着联合会的所有领导成员、背着工人暗中向俾斯麦表示的。这难道不是应该谴责的背信弃义行为吗？威·李卜克内西曾当着哈茨费尔特伯爵夫人的面一针见血地指出：拉萨尔是个叛徒！这个评价一点也不过分。

拉萨尔事实上已成为俾斯麦的亲密助手。他为普鲁士政府起草选举法草案一事可以证明这一点。拉萨尔受俾斯麦委托起草的选举法草案的主旨是，保证普鲁士封建政党在选举中取得胜利。法案规定，任何选民，若不履行选民的义务，就褫夺公民权十年，法案还剥夺了流动工人的选举权。

拉萨尔还为俾斯麦起草了电报条例。条例中规定，凡在出版物上或者在集会中传播国内外新闻的人，要处以

---

[①] 格律恩贝尔格编《社会主义和工人运动历史文库》1964年德文版第1卷第191—192页。

五十至一百塔勒罚款,不能缴纳罚款者,处以监狱拘禁。如果经过警告仍然不改,罚款可以增至五百塔勒。拉萨尔建议俾斯麦用这种专政手段来封住进步党人的嘴,禁止他们批评政府,实际上剥夺了全体人民批评反动政府的权利,取消了人民的一切言论自由和新闻自由。

1864年普鲁士对丹麦战争前夕,拉萨尔向俾斯麦建议,为了防止专制制度崩溃,防止发生暴动和起义,应在战前就实行普选权,否则就会爆发起义,"那时事情就会走命中注定的黑暗道路"。他向俾斯麦表示,他的唯一幻想就是要防止爆发起义。他为俾斯麦出谋献策:"在出发去作战之前,应当把自己家里的一切整顿好。"①

拉萨尔的这些吃里爬外的做法,难道不是道地的内奸行为吗?一个被工人选出的领袖,一个发誓要献身工人阶级解放事业的领导人,处处事事想的却是反动王朝的安危,考虑的却是如何利用工人阶级的力量去巩固封建王朝,时刻琢磨着怎样扩大王国政府的影响,如果这还不是工贼行径,那世界上就不曾有过任何工贼了!

还在1863年6月,马克思在不了解拉萨尔同俾斯麦

---

① 《马克思主义年鉴》1928年莫斯科-列宁格勒版第6卷第20—21页。

## 第六章 拉萨尔和德国工人建立独立政党的斗争

密谈和通信的情况下,根据拉萨尔的一些言论和表现就已经指出,"这家伙现在简直是为俾斯麦效劳"[①]。拉萨尔和俾斯麦的来往信件证明,他确实变成了普鲁士王朝的走卒,俾斯麦的奴仆。

### 七、联合会成立后的鼓动演说。贯彻和俾斯麦秘密会谈的精神

全德工人联合会成立以后,拉萨尔积极开展鼓动工作,为扩大联合会而奔走呼号。他多次向工人发表演说。这些演说的内容基本上超不出《公开答复》所宣传的那一套东西。但是,这些演说和《公开答复》有一个本质的差别:在《公开答复》中,拉萨尔根据和莱比锡先进工人的协议,明确提出工人应当支持资产阶级进步党人反对普鲁士政府的斗争;而在这些演说中,拉萨尔则根据和俾斯麦会谈的精神,反复攻击资产阶级进步党人而赞扬和支持俾斯麦及其政府。下面概要地介绍一下拉萨尔在联合会成立后发表的一些重要演说和著作的政治倾向。

1863年9月,拉萨尔先后在莱茵地区的巴门、佐林根、杜塞尔多夫发表鼓动演说,题目是:《宴庆、报刊和法

---

① 《马克思恩格斯全集》第30卷第351页。

兰克福议员大会》。在这篇演说中，拉萨尔集中力量攻击资产阶级进步党人，把他们说成是德国人民的"唯一"敌人，加以侮辱和咒骂，而对封建反动派的头子俾斯麦则极尽吹捧之能事。拉萨尔说："俾斯麦先生在普鲁士议院所讲的话字字都是正确的"，"假如我们同冯·俾斯麦先生用枪对射，那么正义要求我们在对射时就得承认：他是个男子汉大丈夫，而进步党人是些老太婆！"①

10月，拉萨尔向柏林工人发表演说，强调国家是整个民族的统一的共同体，为了使工人获得解放，就需要几百万塔勒，只有国家和立法才能提供。他说国家是通过一切人和为一切人而存在的，因此，帮助一切人的自我发展是国家的终极目的。拉萨尔这里所说的国家实际上就是普鲁士王国。

1864年2月，拉萨尔写了一本经济学著作，题为《巴师夏-舒尔采-德里奇先生，经济学的尤利安，或者：资本和劳动》。这本书并无什么创见。但是，姑且不谈它的学术价值，在政治上它完全是为俾斯麦的政策效劳的。请看，1864年2月5日拉萨尔在给俾斯麦的信中是怎样

---

① 《拉萨尔全集》1919年柏林德文版第3卷第379页。

## 第六章　拉萨尔和德国工人建立独立政党的斗争

说的:

"我的著作将要出版,这是四个月来我日日夜夜竭尽全力磨锋利的'致命的毒箭',标题:《巴师夏-舒尔采-德里奇先生,经济学的尤利安,或者:资本和劳动》。

"如果您,阁下,怀疑我有写作的虚荣心,那会使我感到不愉快。但是我仍然应当告诉阁下,这本著作的目的是要完全击溃进步党和整个自由资产阶级,因为我在我的这本书里是同他们,而不是同只具有典型意义的舒尔采先生个人打交道。这部著作必将在工人等级中,而且不仅在工人等级中,产生强烈的印象;它会使民族身上仍然存在的一切有理性的东西来反对进步党人。

"一句话,这就是需要作为普选权的序幕的东西"。

拉萨尔向俾斯麦吹嘘说:"我的书完全是一部科学的著作,而且我拉来了科学巨石来摧毁我们的敌人。"[①]

看了拉萨尔的这封信,拉萨尔写这部经济著作的反动政治意图也就无须赘言了。

1864年4月11日,拉萨尔在为他祝寿的家宴上公然号召工人政党支持普鲁士王朝。他说:"朋友们,请答应我

---

[①]《马克思主义年鉴》1928年莫斯科-列宁格勒版第6卷第21—22页。

一件事：如果天赋王权和这个卑贱的资产阶级之间发生斗争，那么，请你们向我宣誓，你们将站在王权一边反对资产阶级。"① 威·李卜克内西当场就驳斥了这种言论。

一个月后，当庆祝全德工人联合会一周年的时候，拉萨尔到莱比锡、杜塞尔多夫、佐林根、巴门、科隆、韦默耳斯基尔亨、龙茨多夫等城市巡回发表鼓动演说。这篇演说后来以《全德工人联合会的鼓动和普鲁士国王的诺言》为题正式出版。

这篇演说最能说明拉萨尔的反动社会政治观点。

1864年春，西里西亚织工生活困苦，对资本家残酷剥削极为不满。织工派了三个代表到柏林向政府请愿。找到了拉萨尔。拉萨尔怂恿他们去见俾斯麦。俾斯麦又让这三个代表去晋见国王。国王虚伪地许诺，要"通过立法解决工人问题和解救工人的困苦"。事后由俾斯麦内阁拟好一篇报道，诏告天下，盛赞国王的恩惠，说什么"纺织工人想把他们的诉怨陈于王座之前，以便在全体臣民的这个最高的庇护所求得对他们的痛苦的解救"，"国王陛下非常仁慈地接见了代表们，并且对他们说，他已命令他的大臣

---

① 转引自白拉克《拉萨尔的建议》，见《研究〈哥达纲领批判〉参考史料》生活·读书·新知三联书店1978年版第214页。

## 第六章　拉萨尔和德国工人建立独立政党的斗争

迅速而十分认真地准备给予可能的合法救济","陛下让代表团离去时安慰说,将尽快依法处理问题,并以此解救他们的困苦。国王的诺言将令人感动地和鼓舞人心地响彻里森山脉所有的峡谷,并给予几百家受苦的正直的家庭新的希望和新的力量勇敢地耐心等待"。①

这是一场大骗局。国王和俾斯麦的目的十分清楚。他们借此机会来推行普鲁士王国政府的"社会主义",用小恩小惠来拉拢工人,把工人变成王朝反对资产阶级反对派的工具,以便巩固普鲁士王朝的统治。

拉萨尔是这场骗局的直接参与者。这是拉萨尔帮助俾斯麦推行普鲁士王国社会主义的一次可耻的实践。可是,拉萨尔却把耻辱当作光荣。他在巡回演说时,到处吹嘘国王的诺言。他说:"国王承认通过立法解决工人问题是必要的,也就是承认了我们开始鼓动时所维护的主要原则","承认作为全德工人联合会整个鼓动的基础和构成我们最根本的要求的原则","承认了我们学说的正确性和我们的要求的公正性"。拉萨尔要求工人"不断地传布这项诺言,天天和处处反复讲述它并且不断地回想它!"他还说:"通

---

① 《拉萨尔全集》1919年柏林德文版第4卷第219—220页。

过逻辑的推断，在国王的那项诺言里面也已经给你们允诺了普遍的和直接的选举权这个对其他一切不可缺少的正式保证，这个绝对必需的条件！试问，自从存在世界以来，哪一个联合会能拿得出这样的成就作为一年的结果呢？"①

拉萨尔、俾斯麦和国王合演的这出波拿巴主义的戏，确可以作为拉萨尔在全德工人联合会成立一周年时的总结。不过，它并不是光荣的标志，而是耻辱的标志。它告诉人们，工人信任拉萨尔，把他推上工人运动的领导岗位，而他一上台就毫无心肝地背叛了工人，把工人运动纳入反动的普鲁士王朝的封建社会主义轨道。

在这次演说之后，拉萨尔于6月27日还在杜塞尔多夫上诉法院发表过一篇辩护演说。起因是，拉萨尔于1863年9月在杜塞尔多夫发表的那篇《庆宴》演说攻击了资产阶级。资产阶级法官指控拉萨尔犯有激起国民互相仇恨的罪行，对他起诉。1864年6月27日，杜塞尔多夫法院复审这一案件时，拉萨尔出庭为自己辩护。他在辩护演说中一再复述在龙茨多夫演说的内容，强调美因兹的大主教凯特勒男爵、内政大臣欧伦堡和普鲁士国王都和他的

---

① 《拉萨尔全集》1919年柏林德文版第4卷第220—223页。

## 第六章 拉萨尔和德国工人建立独立政党的斗争

思想观点是一致的,并引用他们的话来证明他是正确的和无罪的。但是,这恰好证明他的思想和普鲁士王朝的首领们是一致的。

马克思和恩格斯看了这篇辩护演说后说,这是拉萨尔想让国王"废除现行的宪法,宣布普遍的、直接的选举权并且同无产阶级结成联盟",这是"向俾斯麦献媚","单单这一事实,就足以使我们在拉萨尔活着的时候就不希望同他的整个鼓动有什么共同之处"。①

### 八、工人的不满。联合会内反对派的形成

拉萨尔的机会主义言论,他的亲普鲁士政府的倾向,越来越引起工人的不满。全德工人联合会不断收到各地工人组织的来信,表示不同意拉萨尔的纲领中的政治部分和社会部分,并对拉萨尔提出的实现联合会目的的方式表示怀疑。有的工人说,尽管拉萨尔表示愿意为工人做事,"但是,我现在考虑一个问题:按照他所拟定的道路是不是能够达到所希望的目的呢?"有的工人针对拉萨尔提出的国家帮助的原则问道:"拉萨尔在这里说的是波拿巴主义

---

① 《马克思恩格斯全集》第 31 卷第 10—11、429—430 页。

呢？还是共和国？从历史来看，可以公正地简明地说，现行制度是靠强力建立起来的，因而只有靠强力才能加以变更。但是，从拉萨尔所提的和平的合法的道路以及普选权中间，什么也得不到。"

拉萨尔的鼓动演说和小册子却得到所有反动报纸的赞扬。这使联合会的声誉受到很大损害。因此，很多工人不愿意加入联合会，联合会的发展极为缓慢。拉萨尔曾幻想联合会可以一下子发展到五十万人，可是联合会在全德国进行了一年工作，会员才不满一千人。另外，莱茵地区的很多会员纷纷退出联合会，不出席会员大会。拉萨尔大为失望，可是他不去检查自己的错误路线和独裁作风，反而抱怨群众落后。他说："在我们整个联合会里，才刚刚有一千人，而且是我耗尽了笔墨、费尽了唇舌之后才有的。现在群众的冷酷使人悲观失望，要到什么时候，那些愚蠢的人民才能最后摆脱他们那种昏睡状态呢！"[①] 你拉萨尔臭名远扬又专制独裁，群众不愿意加入又何罪之有！

拉萨尔的倒行逆施引起联合会内有觉悟的先进工人的不满。他们逐渐认识到拉萨尔的鼓动方针是错误的，是违

---

① 加尔金主编《马克思、恩格斯为无产阶级政党而斗争的历史》生活·读书·新知三联书店1957年版第256页。

## 第六章　拉萨尔和德国工人建立独立政党的斗争

反无产阶级的利益的。当拉萨尔在龙茨多夫等地巡回发表鼓动演说，宣传普鲁士王国政府社会主义的时候，联合会内部形成了以书记瓦尔泰希为首的反对派。他们提出要清算拉萨尔的错误，根据民主的原则改组联合会，否则就把拉萨尔赶下台。瓦尔泰希曾说："龙茨多夫的演说使人再也不能忍受下去了。"不少普通会员也明白了拉萨尔在玩弄工人。1864年6月12日，威·李卜克内西在给马克思的一封信中说："在拉萨尔的联合会中发生了骚动。如果拉萨尔不放弃独裁，不停止向反动派调情，就会发生内讧。"① 冲突到了提出解散联合会的程度。

拉萨尔把联合会引上了绝境。原来的共产主义同盟盟员威·李卜克内西和奥·伏格特等都支持瓦尔泰希反对拉萨尔的斗争。但是，李卜克内西和伏格特不赞成马上采取公开行动。因为，如果资产阶级进步党知道联合会内存在着如此严重的分歧，就会利用这件事来瓦解工人运动，使得德国工人又重新陷于没有自己组织的状态。他们主张采取稳妥步骤，既能纠正拉萨尔的错误，又能保存联合会。

---

① 《威·李卜克内西和马克思恩格斯通信集》1963年海牙德文版第37页。

1864年6月3日，威·李卜克内西写信给马克思，请示在当时情况下应如何行动。李卜克内西对马克思说："你必须赶快写信把你的意见告诉我，使我在这里不致陷入为难的境地，因为我总是按照你的意见办事的。"①

马克思表示赞成李卜克内西的做法。李卜克内西和伏格特7月19日写信把马克思的意见转告给瓦尔泰希。他们写道："我们基本上同意你的意见。你是正确的。现在就应该开始纠正联合会的路线和组织机构。但是，采取公开行动可能对运动有害。本星期内收到的马克思写给李卜克内西的信也表示，如果不犯公开的政治错误，我们的运动就可以坚持下去，发展下去……拉萨尔和俾斯麦有勾结，这是事实。因此，我们必须特别慎重从事。应该采取逐步的，然而是稳妥的步骤去恢复联合会的独立。"②

伏格特建议采取具体措施来消除压在联合会头上的主席个人独裁制，恢复理事会和全体大会的权利。1863年8月15日，伏格特和李卜克内西再次写信给瓦尔泰希，讨

---

① 《威·李卜克内西和马克思恩格斯通信集》1963年海牙德文版第33页。

② 瓦尔泰希《斐迪南·拉萨尔和德国工人运动的发端》，转引自《马克思、恩格斯为无产阶级政党而斗争的历史》生活·读书·新知三联书店1957年版第302页。

## 第六章　拉萨尔和德国工人建立独立政党的斗争

论同拉萨尔斗争的具体步骤。伏格特说:"联合会一年来的实践证明,我们应该走另外一条路;全体大会必须决定这一点……如果说我们没有前进,问题并不在于集中主义原则,而在于工作的领导。如果不是以拉萨尔个人代替联合会,联合会就不会经历这样多的动荡不安。"

伏格特和李卜克内西对急于立即采取行动的瓦尔泰希劝告说:"我们答应你,等拉萨尔回到柏林后,就努力促使他和同志们同马克思会见,那时,我们将要讨论我们关于改组联合会的提议。如果拉萨尔听取这些提议,那么,一切就可以不经过讨论而处理好。如果还不能达成协议,那时在马克思的协助下,拉萨尔将被揭露,并被解除职务。"信的末尾还提道:"马克思大概要亲自从伦敦到柏林来实现上述步骤。"①

### 九、面临被揭露的危险

拉萨尔感觉到他面临被彻底揭露的危险。尤其是,他根据李卜克内西和马克思的亲密关系,预计到马克思可能支持李卜克内西来清算他,对此他深感不安。他到处摸

---

① 《威·李卜克内西和德国社会民主党人通信集》1973年荷兰德文版第7—8页。

底，探听马克思的态度。当他了解到，两个佐林根工人到马克思那里去过以后，6月28日，他给继瓦尔泰希担任书记的维尔姆斯写信说：

"施林格曼①对我说，您告诉他，佐林根的被判决的人已到了伦敦马克思那里。您收到过那些佐林根人的来信没有？或者，马克思就这件事给李卜克内西写过信没有？我很想知道，马克思对人们都说了些什么。请把您对这件事所知道的或者能够从李卜克内西那里打听到的一切告诉我。"

7月4日，拉萨尔再次写信给维尔姆斯，让他探听马克思的态度。他说："因为您是从克林格斯那里知道了佐林根的人的消息以及他们去拜访马克思的事情的，所以您也就没有机会从李卜克内西那里探听到马克思是怎样向工人表态的。这样做非但不合适，而且会引起误会。不过您倒可以乘机从克林格斯那里打听一下，在工人报告情况的时候，马克思对他们说了些什么。"②

一周之内两次给联合会的新任书记写信，让他探听马克思对他的态度，了解马克思对工人说了些什么，足

---

① 莱因霍尔德·施林格曼是柏林出版商，全德工人联合会理事。
② 《拉萨尔全集》1919年柏林德文版第4卷第332页。

## 第六章　拉萨尔和德国工人建立独立政党的斗争

见拉萨尔在先进工人认识到他的背叛行为后，多么惊恐不安。

摆在拉萨尔面前的有两条路：一条是彻底承认错误，改弦更张，回到正确路线上来；一条是坚持错误，同先进工人对抗到底，从而被公开揭露，身败名裂。

拉萨尔的生性太骄傲了。他从不愿意承认自己会有什么错误。冰冻三尺，非一日之寒。拉萨尔之所以走上同俾斯麦勾结出卖工人运动的道路，之所以在联合会内实行个人独裁，绝非他一时的迷误，而是他的庸俗民主主义观点、唯心主义的国家观点和英雄史观使然。一句话，是他的资产阶级世界观恶性发展的必然结果。承认错误，就意味着要抛弃他自己欣赏和引以为荣的那一整套东西，进行脱胎换骨的改造，使自己的毛真正附在无产阶级的皮上，这一点拉萨尔是无论如何也不愿意做的。况且，既然他已经和俾斯麦勾结上了，迈出了第一步，走第二步也就不由自主了。俗话说，谁伸给魔鬼一个小手指，魔鬼就要抓住他的整个手。即使拉萨尔愿意回头，"铁血宰相"也会想方设法置他于死地。可是，拒不认错，负隅顽抗，也无济于事，因为反对他的人越来越多。拉萨尔想一走了之，退出工人运动，移居国外。这对于不甘寂寞的拉萨

尔来说虽然是痛苦的,却可以尽情享受生活。然而,这也难以保证他的丑行不被揭露和批判。拉萨尔陷入极度的恐慌和矛盾之中。

### 十、死神伸出了援助之手

在他走投无路之时,死神向他伸出了援助之手。

在忧心忡忡、矛盾迭出的情况下,拉萨尔来到瑞士疗养。最初他还企图遥控全德工人联合会,竭力使联合会继续无条件地服从主席,并指示联合会理事会开除瓦尔泰希。他仍念念不忘和俾斯麦的协定,准备到汉堡去召开工人大会,宣布工人阶级支持俾斯麦兼并什列斯维希-霍尔施坦。正在这时,他认识了巴伐利亚驻瑞士联邦公使的女儿海伦·冯·窦尼盖斯。拉萨尔沉迷于海伦的姿色,马上抛开他正在热恋的另一个姑娘,如醉如狂地追求起海伦来了。

海伦当时已和罗马尼亚贵族冯·拉科维兹订了婚,在拉萨尔的追求下,她最后还是答应嫁给他。但是,海伦的双亲因为拉萨尔素有"唐璜"的名声并被人们看作哈茨费尔特伯爵夫人所供养的情夫,坚决不同意这桩婚事。他们表示不愿和拉萨尔有任何来往。于是,海伦从

## 第六章 拉萨尔和德国工人建立独立政党的斗争

家中出逃,跑到拉萨尔那儿。把自己的命运交给拉萨尔支配。

但是,拉萨尔不愿携海伦私奔。他觉得他有无上的威力和感化力量,能使她的父母同意把女儿嫁给他。于是,他不顾海伦的反对,把海伦交还给她的母亲。海伦回家后就被看管起来,并准备把她交给未婚夫拉科维兹。

这时,拉萨尔才发现自己犯了一个大错误。于是,他像发了疯似的,不惜任何代价迫使海伦的父母把女儿交出来。他乞求美因兹的大主教凯特勒对海伦的双亲施加道义上的影响。他答应,如获成功,他就改信天主教。他匆忙赶回德国,请求海伦父亲的上司巴伐利亚外交大臣出面斡旋,又企图通过瓦盖纳请求国王向海伦的父亲施加压力。

当拉萨尔正在奔走呼号之际,海伦在父亲压力之下给拉萨尔写了绝交信。她告诉拉萨尔,她"深悔"自己的行为,她已和未婚夫言归于好,并表示坚定不移地把永恒的爱情和忠诚献给正式订过婚的人,从此以后和拉萨尔断绝任何关系。后来,海伦当着拉萨尔的全权代表吕斯托夫的面,再次表示了同样意见。

于是,拉萨尔像一头受了伤的野兽一样狂怒咆哮,

他大骂海伦是"下流的荡妇",指责海伦"背叛"了他,抛弃了爱情、忠诚、誓言和真理。拉萨尔过去坚决反对决斗,谴责决斗是不理智和不道德的。现在,丧失了理智的拉萨尔却向海伦的父亲和未婚夫提出决斗。老窦尼盖斯拒绝决斗,赶紧躲开,拉科维兹接受了挑战。决斗于8月28日上午举行。拉萨尔下腹部受重伤,于1864年8月31日死去,终年39岁。临死前,拉萨尔立下遗嘱,指定伯恩哈特·贝克尔做他的继承人,担任全德工人联合会主席。

马克思和恩格斯得知拉萨尔因决斗而死的消息后,都感到非常震惊,为这样一个有才干的人的悲惨逝世而无限惋惜。1864年9月4日,恩格斯在给马克思的信中说:

"你可以想象,这消息使我多么震惊。且不论拉萨尔在品性上、在著作上、在学术上究竟是个什么样的人,但是他在政治上无疑是德国最重要的人物之一。对我们来说,目前他是一个很不可靠的朋友,在将来是一个相当肯定的敌人,然而看到德国如何把极端政党的所有比较有才干的人都毁灭掉,毕竟还是会很痛心的。现在工厂主和进步党的狗东西们将会多么欢欣鼓舞,要知道,在德国国

## 第六章　拉萨尔和德国工人建立独立政党的斗争

内，拉萨尔是他们唯一畏惧的人。

"然而这可真是个独特的丧命的方法：他以唐璜①自诩，一本正经地钟情于巴伐利亚公使的女儿，希望同她结婚，跟已失恋的情敌而且又是瓦拉几亚的骗子发生冲突，最后让人家杀害自己。这只有拉萨尔才干得出来，——因为只有他才具有那种轻浮和感伤、犹太人习气和骑士作风奇特地混合在一起的品性。像他这样的政治活动家，怎么能和一个瓦拉几亚的冒险家决斗呢！"②

9月7日，马克思在给恩格斯的回信中说："他毕竟还是老一辈近卫军中的一个，并且是我们敌人的敌人。而且事情来得太突然，使人难以相信，这样一个爱吵闹、非常好动、不愿安宁的人现在却永远无声无息，不再言语了。至于造成他死亡的原因，你说得完全对。这是他一生中许多次轻率行为中的一次。"③

死神解除了这个陷于矛盾而不能自拔的人的苦恼。死神也使这个行将被揭露的叛徒成为英雄。拉萨尔之死在瑞

---

① 唐璜是莫扎特的同名歌剧以及西欧一些古典文学著作中的主要人物，花花公子的典型。

② 《马克思恩格斯全集》第30卷第419页。

③ 《马克思恩格斯全集》第30卷第422页。

士和德国激起了极大的反响。在日内瓦,有四千人在拉萨尔的灵柩前致哀。德国工人为拉萨尔举行了隆重的追悼大会。不了解拉萨尔勾结俾斯麦内情的工人,仍然把拉萨尔看作为工人阶级解放而斗争的先进战士,仍然认为拉萨尔的教条是解除工人苦难的万应灵方。不明真相的工人,特别是手工业工人,由于拉萨尔的悲惨逝世而更加深了对他的迷信。他们把拉萨尔当作在封建贵族枪口前倒下的英雄来歌颂,把他当作救世主来顶礼膜拜。伯恩施坦说:"当拉萨尔还在为占有海伦而斗争的时候,与其说他像一个科学王国的工作者和民主社会主义者,倒不如说更像一个具有容克作风的商人的儿子",而"死亡这一伟大的净化器恢复了拉萨尔的名誉"。

不过,死亡只是暂时地遮掩了他的丑恶行径,而并不能使他的污秽的名声变得清白。历史总归是无情的,历史才是真正的伟大的净化器。历史的发展剥落了这个冒牌英雄塑像上的金粉,使他现出原形;历史拂去了这个虚假救世主头上人为的灵光圈,使他露出尘世的真貌。历史证明,拉萨尔不是什么"民主社会主义者",而是个具有强烈封建专制独裁倾向的普鲁士王国宫廷民主主义者、普鲁士王国政府社会主义者,是个"唐璜和革命的红衣主教黎

## 第六章　拉萨尔和德国工人建立独立政党的斗争

塞留①"。②

马克思对拉萨尔也有个认识过程。以往，马克思尽管不同意拉萨尔的观点，不和他搞政治合作，但一直还把他当作朋友，把他的错误言行看作内部问题。甚至当拉萨尔和马克思断绝通信来往，自行在德国发动工人运动和宣传他的错误主张的时候，马克思也没有把他看作背叛者。不仅如此，在拉萨尔逝世时，马克思还感念他过去参加革命的功绩，认为他"毕竟是老一辈近卫军中的一个"。当恩格斯认为"目前他是一个很不可靠的朋友，在将来是一个相当肯定的敌人"的时候，马克思还强调拉萨尔"是我们的敌人的敌人"，即仍然是朋友。马克思对拉萨尔是够宽厚的了。只是在拉萨尔逝世五个月之后，威·李卜克内西把拉萨尔和俾斯麦订有正式协议的消息告诉了马克思，马克思才断定这是"拉萨尔策划的背叛"，是"存心要把工人政党出卖给俾斯麦"。恩格斯也谴责这是"卑鄙的行为"，"是为普鲁士人的利益而背叛整个工人运动"。③历史

---

① 黎塞留（1585—1642）：红衣主教，公爵，法国专制政体时期最著名的政治活动家、阴谋家。
② 《马克思恩格斯全集》第16卷第256页；《马克思恩格斯全集》第30卷第60—61、260页。
③ 《马克思恩格斯全集》第31卷第48页。

证明，马克思恩格斯的这个结论是正确的。可以想象，如果他们能亲自看到拉萨尔和俾斯麦的秘密通信的话，他们会怎样鞭挞这个背叛者！拉萨尔的背叛行为理应受到一切有革命正义感的人们的谴责。甚至连拉萨尔的遗嘱继承人伯恩哈特·贝克尔也不得不宣布拉萨尔是个"贵族、叛徒和坏蛋"[①]。

---

① 《马克思恩格斯全集》第 32 卷第 132 页。

# 结束语

# 结束语

　　拉萨尔这个人是死了，但是他所鼓吹的那一套机会主义思想仍继续影响着德国工人运动。

　　拉萨尔死后，他的门徒施韦泽等不顾拉萨尔同俾斯麦勾结的事实，继续搞对拉萨尔的个人崇拜，推行拉萨尔的机会主义路线，一个时期内，拉萨尔的思想在德国工人运动中几乎居统治地位。只是到1869年，德国工人运动中的革命派威·李卜克内西、倍倍尔等在马克思恩格斯的关怀下建立了德国社会民主工党（爱森纳赫派），接受马克思领导的第一国际的革命纲领。从此，德国工人运动中马克思主义和拉萨尔主义的斗争便通过两个对立的组织在激烈地进行着。

　　德国工人运动中的无产阶级革命力量在不断发展壮大，马克思创立的科学社会主义学说在同各种非无产阶级社会主义流派的斗争中取得一次又一次的胜利。可是，到1875年两派由于形势的需要而实行合并的时候，那些原来反对和揭露过拉萨尔的人，如威·李卜克内西等，由于自己没有彻底摆脱小资产阶级思想的影响，却在他们参与起草的哥达纲领草案中接受了拉萨尔的信条。正如恩格斯所指出的，哥达纲领把拉萨尔关于国家帮助合作社的主张

当作医治一切社会病症的绝对正确的和唯一的良药,并接受了拉萨尔的铁的工资规律理论。恩格斯说:"这是我们党在道义上的一次巨大失败。我们的党改信拉萨尔的信条了。这是怎么也否认不了的。纲领的这一部分是卡夫丁轭形门①,我们党就从这下面爬向神圣拉萨尔的赫赫声名。"②在这种情况下,马克思写了著名的《哥达纲领批判》,"其中第一次明确而有力地表明了马克思对拉萨尔开始从事鼓动工作所采取的方针的态度,而且既涉及对拉萨尔的经济学原则,也涉及对他的策略"③。

在马克思从理论上对拉萨尔主义进行了全面彻底的批判后,拉萨尔机会主义的影响并没有立即完全消失。到了1879年,德国社会民主党内的资产阶级知识分子赫希柏格、伯恩施坦、施拉姆(即臭名昭著的苏黎世三人团)又出来宣扬拉萨尔主义。他们反对无产阶级政党的阶级性质,要按拉萨尔的精神把社会民主党变成"一切富有仁爱

---

① 公元前321年,第二次萨姆尼特战争时期,萨姆尼特人在古罗马卡夫丁城附近的卡夫丁峡谷中击败了罗马军团,并强迫他们通过"轭形门",这对战败的军队来说是最大的耻辱。从此便有了"通过卡夫丁轭形门"的说法,意即遭到莫大的侮辱。
② 《马克思恩格斯文集》第10卷第405页。
③ 《马克思恩格斯文集》第3卷第423页。

## 结束语

精神的人"的全面的党。他们主张，社会民主党不应当是工人党，它不应当招致资产阶级或其他任何人的怨恨；他们反对社会主义革命，主张在旧制度范围内实行一些小资产阶级的补补缀缀的改良。恩格斯写了著名的《通告信》，对赫希伯格等人宣传的拉萨尔主义阶级调和论进行了严肃的批判。

《哥达纲领批判》和《通告信》都是在德国社会民主党领导之间内部传阅的，当时没有公开发表，广大党员和工人都不知道。在1878—1890年俾斯麦政府实行《反社会党人非常法》期间，社会民主党人受到迫害，大敌当前，又不能认真讨论和清算拉萨尔主义。直到1891年，即在反社会党人非常法废除以后，社会民主党准备召开代表大会修改党纲时，恩格斯才不顾重重阻挠，把马克思的《哥达纲领批判》公之于世，使广大党员和工人群众看到拉萨尔主义的反动本质。

德国社会民主党爱尔福特代表大会通过的纲领基本上清除了拉萨尔主义的信条。但是，拉萨尔主义的影响在德国工人运动中仍然存在。在第二国际时期，德国社会民主党内以伯恩施坦主义为代表的机会主义，实际上是拉萨尔主义的继续和变种。甚至普列汉诺夫在建立劳动解放社

时，在纲领中仍然保留了拉萨尔主义关于国家帮助合作社的条文。只有列宁建立的布尔什维克党，才彻底与第二国际机会主义决裂，也彻底清除了拉萨尔主义的影响，从而引导俄国革命走向胜利。

请看，为了清除拉萨尔主义的危害，马克思恩格斯、德国和国际的无产阶级花费了多少精力。马克思从1848年革命期间认识拉萨尔，到1862年同拉萨尔断绝来往，经过了十四年的观察和认识过程；从1862年到1875年写《哥达纲领批判》第一次正式批判拉萨尔主义，中间经过了十三个春秋；从1875年马克思写《哥达纲领批判》到1891年恩格斯正式公布《哥达纲领批判》，又经历了十六个年头。更不要说，恩格斯直到逝世前不久还念念不忘要清除拉萨尔的遗臭，彻底说明马克思和拉萨尔的关系，阐明马克思主义和拉萨尔主义的本质区别。

为什么为了把一种危害工人阶级利益的机会主义思想清除出工人运动，需要花费这么多时间和精力？这当然不是因为拉萨尔主义有什么神通，而是因为拉萨尔主义是一种典型的小资产阶级社会主义，它反映了德国广大小资产者、手工业工人的思想情绪。只要小资产阶级还没有最后消失，它的思想必然要反映到无产阶级队伍中来。另一方

# 结 束 语

面，无产阶级经常从小资产阶级中得到补充，下降到无产阶级队伍中来的小资产者，必然要直接把他们的思想带到无产阶级中来。

恩格斯指出："如果其他阶级出身的这种人参加无产阶级运动，那么首先就要求他们不要把资产阶级、小资产阶级等等的偏见的任何残余带进来，而要无条件地掌握无产阶级世界观。"①

拉萨尔的生活道路表明，他是一个参加工人运动而又顽固拒绝接受无产阶级世界观的资产阶级知识分子。他的确具有超过常人的才能，但是他给无产阶级运动带来的危害也确非常人可比。他做过好事，1848年他参加过人民群众的革命斗争；19世纪60年代初，在德国工人摆脱资产阶级监控而建立独立政治组织的时候，他起过促进作用，立过大功。可是，紧接着他又把工人运动纳入普鲁士王朝的封建社会主义轨道，在这方面他又罪莫大焉！

拉萨尔的一生雄辩地证明了恩格斯论断的正确性：资产阶级知识分子参加无产阶级运动必须无条件地抛弃资产阶级世界观，接受无产阶级世界观。否则，即令有良好的

---

① 《马克思恩格斯文集》第3卷第484页。

夙愿，也难以自始至终保持革命的气节。

1891年，恩格斯在给考茨基的一封信中，对拉萨尔的一生作了客观公正的评价，也指出了在评价拉萨尔的时候应持什么样的态度。我把恩格斯的话抄在这里，作为今后进一步深入研究拉萨尔的指针。

恩格斯说："拉萨尔属于历史已有26年了。如果他在非常法时期没有受到历史的批判，那么现在终于到了必须进行这种批判并弄清拉萨尔对马克思的态度的时候了。掩饰拉萨尔的真实面目并把他捧上天的那种神话，决不能成为党的信条。无论把拉萨尔对运动的功绩评价得多么高，他在运动中的历史作用仍然具有两重性。同社会主义者拉萨尔形影不离的是蛊惑家拉萨尔。透过鼓动者和组织者的拉萨尔，到处显露出一个办理过哈茨费尔特诉讼案的律师面孔：在手法上还是那样无耻，还是那样喜欢把一些声名狼藉和卖身求荣的人拉在自己周围，并把他们当作单纯的工具加以使用，然后一脚踢开。1862年以前，他实际上还是一个具有强烈的波拿巴主义倾向的、典型普鲁士式的庸俗民主主义者（我刚才看了他写给马克思的那些信），由于纯粹个人的原因，他突然来了转变，开始了他的鼓动工作。过了还不到两年，他就开始要求工人站到王权方面来反对资产阶级，并且同品质和他相近的俾斯麦勾结在一起，如果不是侥幸恰在那时被打死，那就一定会在实际上背叛运动。在拉萨尔的鼓动著作中，从马克思那里抄来的正确的东西同他自己的批判通常是错误的论述混在一起，二者几乎不可能区分开来。由于马克思的批判而感到自己受了伤害的那一部分工人，只了解拉萨尔两年的鼓动工作，而且还是戴着玫瑰色眼镜来看他的鼓动工作的。但是在这种偏见面前，历史的批判是不能永远保持毕恭毕敬的姿态的。"①

---

① 《马克思恩格斯文集》第10卷第603—604页。